Patrick Byczkowski

Wie eine falsche Wahrnehmung Personaler beeinflusst

Kommunikation und ihre Bedeutung in der Personalauswahl

Bibliografische Information der Deutschen Nationalbibliothek:

Die Deutsche Nationalbibliothek verzeichnet diese Publikation in der Deutschen Nationalbibliografie; detaillierte bibliografische Daten sind im Internet über http://dnb.d-nb.de abrufbar.

Impressum:

Copyright © Science Factory 2019

Ein Imprint der GRIN Publishing GmbH, München

Druck und Bindung: Books on Demand GmbH, Norderstedt, Germany

Coverbild: GRIN Publishing GmbH | Freepik.com | Flaticon.com | ei8htz

Inhaltsverzeichnis

Abkürzungsverzeichnis .... **V**

Abbildungsverzeichnis .... **VI**

1 Einleitung **1**
    1.1 Problemstellung 1
    1.2 Fragestellung und Zielsetzung 2
    1.3 Struktureller Aufbau 3

THEORIETEIL **6**

2 Personalauswahl **7**
    2.1 Definition und Aufgaben 7
    2.2 Anforderungsprofil 7
    2.3 Prozesse der Personalauswahl 9
    2.4 Zwischenfazit 12

3 Kommunikation und ihre Funktion in der Personalauswahl **13**
    3.1 Unterscheidung zwischen verbaler und nonverbaler Kommunikation sowie sozialer Interaktion 13
    3.2 Bewusste und unbewusste Kommunikation 15
    3.3 Wahrnehmung 16
    3.4 Zwischenfazit 17

4 Kommunikationsmodelle **18**
    4.1 Sender-Empfänger-Modell nach Shannon und Weaver 18
    4.2 Eisbergmodell 20
    4.3 Kommunikationsquadrat 21
    4.4 Fünf Axiome der Kommunikation 23
    4.5 Störungen in der Kommunikation und wertschätzende Kommunikation ... 28
    4.6 Zwischenfazit 28

5 Das Interview **30**
    5.1 Interviewtypen (unstrukturiert, semistrukturiert, strukturiert) 30
    5.2 Wahrnehmungsverzerrungen und Beurteilungsfehler 33
    5.3 Einfluss von Sympathie 39

5.4 Die Macht der inneren Bilder nach Gerald Hüther 39
5.5 Zwischenfazit 42

METHODISCHES VORGEHEN **44**

6 Quantitative vs. qualitative Forschung **45**

7 Expertenbefragung **47**
7.1 Entwicklung des Leitfadens 47
7.2 Vorgehensweise bei der Datenerhebung 47
7.3 Durchführung der Befragungen 48

PRAXISTEIL **49**

8 Ergebnisdarstellung **50**
8.1 Analyse und Auswertung der Expertenbefragungen 50
8.2 Praxis-Theorie-Vergleich 51
8.3 Schlüsselkategorie: Selbstreflexion 61
8.4 Handlungsempfehlung 61

9 Fazit und Ausblick **64**

Literaturverzeichnis **66**

Anhang **71**
Anhang I: Expertenbefragung 71
Anhang II: Einverständniserklärung 72
Anhang III: Experteninterview A 73
Anhang IV: Experteninterview B 78
Anhang V: Kategorienanalyse Experteninterview A 82
Anhang VI: Kategorienanalyse Experteninterview B 85

Abkürzungsverzeichnis

bzw.	beziehungsweise
ebd.	ebendort
et al.	und andere
etc.	et cetera
evtl.	eventuell
f.	und folgende (Seite)
ff.	und die folgenden (Seiten)
inkl.	inklusive
o. Ä.	oder Ähnliches
o. D.	ohne Datum
S.	Seite
u. v. a. m.	und viele andere mehr
usw.	und so weiter
vgl.	vergleiche

Hinweis vorab: Aus Gründen der besseren Lesbarkeit wird auf die gleichzeitige Verwendung von männlicher und weiblicher Sprachformen verzichtet. Sämtliche Personenbezeichnungen gelten gleichermaßen für beide Geschlechter.

Abbildungsverzeichnis

Abbildung 1: Ablaufprozesse der Personalauswahl 10

Abbildung 2: Kommunikation 13

Abbildung 3: Wahrnehmung von Reizen in Bits/s 16

Abbildung 4: Sender-Empfänger-Modell 19

Abbildung 5: Eisbergmodell 20

Abbildung 6: Kommunikationsquadrat 22

Abbildung 7: Die fünf Axiome der Kommunikation 24

Abbildung 8: Beispiel für einen Teufelskreis der Kommunikation 26

Abbildung 9: Optische Illusion: alte oder junge Frau oder alter oder junger Mann? 34

Abbildung 10: Lösungen: alte Frau; junge Frau; junger Mann; alter Mann 35

Abbildung 11: Ergebnisprozesse 50

Abbildung 12: Visuelle Darstellung der Handlungsempfehlung 62

1 Einleitung

1.1 Problemstellung

Kommunikation ist auch ohne Sprechen möglich. Sie erfolgt ständig und überall dort, wo Menschen sind. Dies ist den meisten jedoch nicht bewusst, denn es wird überwiegend unbewusst und nonverbal miteinander kommuniziert und interagiert (vgl. Watzlawick, Beavin & Jackson, 2016, S. 60).

Zudem ist das Deuten der Kommunikationssignale nicht einfach und im Regelfall nicht eindeutig, da bei der Wahrnehmung viele Faktoren relevant sind und das Gehirn jedem Menschen eine andere Realität zeigt. Auch geschulte Personaler deuten Kommunikationssignale falsch und werden von diesen beeinflusst. Die Ergebnisse bei ihrer Arbeit werden dadurch verzerrt und sind somit nicht optimal.

In der vorliegenden Arbeit wird das Thema ‚Kommunikation und ihre Bedeutung für Beobachter in der Personalauswahl' erörtert. Es soll Mitarbeitern im Personalmanagement aufgezeigt werden, wie es bei der Personalauswahl zu einer falschen Wahrnehmung der Realität durch Kommunikation kommen kann und welche Folgen daraus resultieren können. Ein besonderes Augenmerk wird dabei auf das Interview (alternativ: Vorstellungs-, Bewerbungs-, Einstellungs- oder Auswahlgespräch) gelegt. Des Weiteren wird eine Handlungsempfehlung erarbeitet, um dieses Problem zu lösen.

Bei der Personalauswahl ist die Aufgabe zu bewältigen, passendes und kompetentes Personal einzustellen. Die meisten Personaler sind davon überzeugt, dass sie diese Aufgabe objektiv und erfolgreich erfüllen. Dabei wird überwiegend eine subjektive Auswahl getroffen, ohne auftretende Wahrnehmungsverzerrungen bewusst zu realisieren. Der Großteil der nonverbalen Signale gelangt in das Unterbewusstsein und manipuliert somit die reale Selbst- und Fremdwahrnehmung (vgl. Watzlawick et al., 2016, S. 52). So kommt es beispielsweise zur Zusage eines Bewerbers und später stellt sich heraus, dass dieser sich doch nicht für die Stelle eignet oder nicht zum Team passt. Wie in mehreren Artikeln angeführt wird, ist dieses Szenario heute weit verbreitet und wird nicht oft und gut genug reflektiert (vgl. Bierwirth & Nagengast, 2005; Kontio, 2016; Hockling, 2012). Viele Menschen nehmen an populären Kursen teil, um das Deuten der Körpersprache zu erlernen. Es gleicht oft dem Auswendiglernen und Anwenden von Vokabeln, also festen Eigenschaften. In der Praxis wird die Körpersprache aber zu einem situativen und persönlichen Erleben. Die gelernten Signale werden somit häufig falsch gedeutet oder es werden

Bewegungen übersehen, da sie zu schnell für das Auge sind (vgl. Sollmann, 2016, S. 7 ff.). Zusätzlich wird das unbewusst Wahrgenommene durch die eigenen Erfahrungen, Meinungen, Einstellungen, Gedanken, Wünsche, Absichten u. v. a. m. manipuliert und selektiert (vgl. Gerrig, 2018, S. 184 ff.; Krech & Crutchfield, 1972, S. 2 f.; Maderthaner, 2017, S. 101 ff.). Das Bewerten des Bewerbers im Interview wird aufgrund von subjektiven Interpretationen durchgeführt. Das Interview gleicht somit mehr einem alltäglichen Gespräch als einem professionellen Auswahlgespräch. Es entsteht eine mangelhafte Personalauswahl, die zu einer Kündigung führen kann. Infolgedessen fallen hohe Kosten für neue Stellenausschreibungen, die Bewerbersuche und den Recruiting-Prozess an. Weiterhin kommt es zum Imageverlust, einer steigenden Fluktuationsrate und der Verschlechterung des Arbeitsklimas, wenn Mitarbeiter Leistungen niedriger Qualität erbringen oder demotiviert sind (vgl. Achouri, 2007, S. 2).

Alternativ werden die neuen Mitarbeiter durch Fortbildungen geschult, was ebenfalls hohe Kosten verursacht. Zudem sind Weiterbildungen keine Garantie dafür, dass der Mitarbeiter danach die Anforderungen der Stelle erfüllt (vgl. Geoffroy & Geoffroy, 2017, S. 105).

In jedem Fall leidet die Profitabilität des Unternehmens bei einer Fehlbesetzung. Darüber hinaus können andere Abteilungen die Personalabteilung als inkompetent betrachten, wodurch das Vertrauen verloren geht und neue Mitarbeiter von Anfang an mit Vorurteilen belastet werden.

Es ist zwar nicht leicht, die sogenannten ‚Blender' im Auswahlverfahren zu identifizieren und von den zukünftigen Top-Mitarbeitern zu unterscheiden, aber auch nicht unmöglich. Mithilfe von Kommunikation und durch den richtigen Umgang mit den „inneren Bildern" (Hüther, 2014) können Wahrnehmungsverzerrungen weitestgehend reduziert und angemessene Ergebnisse bei der Personalauswahl erzielt werden.

1.2 Fragestellung und Zielsetzung

Aus der beschriebenen Problematik ergibt sich die zentrale Fragestellung dieser Bachelorarbeit: Wie können Beobachter mit Kommunikation in einem Interview der Personalauswahl umgehen, um zu einer angemessenen erfolgreichen Bewertung der Bewerber zu gelangen, ohne dass Wahrnehmungsverzerrungen das Ergebnis zu stark manipulieren?

Das Ziel der Arbeit ist, Mitarbeitern im Personalmanagement neue Blickwinkel für die Personalauswahl, insbesondere im Interview, zu eröffnen. Die neuen Erkenntnisse unterstützen die Einstellung eines qualifizierten Mitarbeiters und helfen dabei, eine Fehlbesetzung zu vermeiden. Mithilfe der Handlungsempfehlung dieser Bachelorthesis können Prozesse im Personalmanagement in Bezug auf die Personalauswahl verbessert werden.

Im Verlauf dieser Arbeit wird auf verschiedene Kommunikationstheorien Bezug genommen: Dazu gehören das Sender-Empfänger-Modell nach Shannon und Weaver (1976), das Eisbergmodell von Ruch und Zimbardo (1974) nach Freud, das Kommunikationsquadrat nach Schulz von Thun (2011) sowie die Kommunikationstheorie nach Watzlawick et al. (2016, S. 51 ff.). Des Weiteren wird die Theorie von Hüther (2014) bezüglich der inneren Bilder der Menschen genutzt, um aufzuzeigen, dass Menschen Wahrnehmungsverzerrungen der Realität durchleben und wieso es dazu kommt.

Die empirische Untersuchung im methodischen Teil hat das Ziel, eine direkte Verknüpfung zwischen der Personalauswahl und der Kommunikationsforschung herzustellen. In der heutigen Literatur wird entweder auf die Personalauswahl eingegangen und der Zusammenhang mit der Bedeutung der Kommunikation nur oberflächlich thematisiert. Oder es wird über Kommunikation geschrieben, ohne den Einfluss auf die Personalauswahl zu erwähnen. Es gibt nur wenig Literatur, die diese Verknüpfung genügend abdeckt. Die Expertenbefragung hat das Ziel, diese Lücke zu schließen. Die Handlungsempfehlung ist eine Ableitung aus einem Vergleich der theoretischen und praktischen Erkenntnisse.

Da das Thema ‚Kommunikation und ihre Bedeutung für die Personalauswahl' umfangreich ist, ist eine Eingrenzung der Problematik notwendig. In dieser Arbeit wird nur von gesunden Menschen ausgegangen, dies bedeutet, dass psychische Erkrankungen, wie Schizophrenie o. Ä., keine Rolle bei den Ergebnissen spielen und nicht berücksichtigt werden. Als Hauptinstrument der Personalauswahl ist das Interview im Fokus der Untersuchung. Eine Überschneidung zu anderen Auswahlinstrumenten ist geringfügig gegeben.

1.3 Struktureller Aufbau

Diese Arbeit umfasst acht Kapitel und setzt sich aus einem theoretischen und einem methodischen Vorgehen sowie dem praktischen Teil zusammen. Nach jedem Kapitel des theoretischen Teils (Kapitel 2 bis 5) wird ein Zwischenfazit abgegeben, um die wesentlichen Aspekte themenbezogen zusammenzufassen und zu veranschaulichen.

Im ersten Teil wurde bereits die Problemstellung vorgestellt, worauf die Ziele sowie die zentrale Fragestellung folgten. Dieser Abschnitt schließt das erste Kapitel und zeigt den strukturellen Aufbau der Arbeit auf.

Im zweiten Kapitel wird die Personalauswahl definiert und deren Aufgaben werden beschrieben. Dadurch erhält der Leser ein besseres Verständnis der Problemstellung (vgl. Bröckermann, 2007; Geoffroy & Geoffroy, 2017; Jost, 2008; Olfert, 2006; Wöhe & Döring, 2010). Anschließend wird auf das Anforderungsprofil eingegangen. Für Personaler dient es als Bewertungsgrundlage, um die relevanten Einstellentscheidungen stellenbezogen zu treffen (vgl. Lorenz & Rohrschneider, 2009; Swan, 1996). Im nächsten Schritt werden die Prozesse der Personalauswahl beschrieben (vgl. Albert, 2007, S. 67 ff., S. 93 ff.; Bröckermann, 2007, S. 96 ff., S. 130 ff.; Hohlbaum & Olesch, 2008, S. 57 ff.; Olfert, 2006, S. 187 ff.).

Darauf aufbauend wird im dritten Kapitel untersucht, welche Rolle die Kommunikation in der Personalauswahl einnimmt. Dazu gilt es, zuerst die Unterscheidung zwischen verbaler und nonverbaler Kommunikation sowie soziale Interaktionen zu erklären und zu definieren (vgl. Argyle, 2013; Khabyuk, 2019; Sollmann, 2016; Watzlawick et al., 2016). Ferner wird der Unterschied zwischen bewusster und unbewusster Kommunikation aufgezeigt (vgl. Argyle, 2013; Sollmann, 2016). Dabei wird verstärkt Bezug zur nonverbalen Kommunikation hergestellt. Zum besseren Verständnis von bewusster und unbewusster Kommunikation wird weiterhin die Körpersprache unterteilt in länger sichtbare Makro- und Mikro-Ausdrücke, die nur für einen Bruchteil einer Sekunde sichtbar sind (vgl. Ekman, 2010). Um den letzten Aspekt der Kommunikation in diesem Kapitel genauer zu erläutern, wird zum Abschluss auf die Wahrnehmung eingegangen (vgl. Gazzaniga, Heatherton & Halpern, 2017; Gerrig, 2018).

Da Kommunikation an dieser Stelle eine große Bedeutung für den Leser gewonnen hat, werden im nächsten Kapitel unterschiedliche Kommunikationsmodelle genannt und definiert: beginnend mit dem Sender-Empfänger-Modell nach Shannon und Weaver (1976), gefolgt vom Eisbergmodell von Ruch und Zimbardo (1974) nach Freud. Danach wird das Kommunikationsquadrat nach Schulz von Thun (2011) beschrieben und auf die Kommunikationstheorie von Watzlawick et al. (2016) eingegangen. Das Kapitel schließt mit einem Blick auf Störungen in der Kommunikation und wertschätzender Kommunikation (vgl. Swan, 1996).

Im Mittelpunkt des fünften Kapitels steht das Interview, da die Bedeutung der Kommunikation für die Personalauswahl an diesem Verfahren untersucht wird. Dazu werden zuerst die unterschiedlichen Interviewtypen (strukturiert, semistrukturiert, unstrukturiert) aufgelistet und erläutert (vgl. Albert, 2007; Bröckermann, 2007; Hohlbaum & Olesch, 2008; Jetter, 2008; Paschen, Beenen, Turck & Stöwe, 2013; Weuster, 2004). Im Anschluss daran werden Wahrnehmungsverzerrungen und Beobachterfehler erläutert, die im ganzen Verfahren auftreten können (vgl. Gerrig, 2018; Krech & Crutchfield, 1972; Maderthaner, 2017; Michel & Novak, 2001). In dem Zusammengang wird zudem der Einfluss von Sympathie auf die Einstellentscheidung diskutiert (vgl. Mentzel, Grotzfeld & Haub, 2010; Lorenz & Rohrschneider, 2009). Abschließend werden mögliche Auswirkungen „der inneren Bilder" (vgl. Hüther, 2014) auf die Wahrnehmungen aller Beteiligten im Auswahlprozess erörtert.

Im Fokus des sechsten Kapitels steht das methodische Vorgehen. Es wird erläutert, weshalb im Rahmen dieser Arbeit eine qualitative Forschungsmethode angewendet wurde.

Als qualitative Forschungsmethode wurden Expertenbefragungen durchgeführt. Die Entwicklung des Leitfadens sowie die Vorgehensweise bei der Datenerhebung und die Durchführung der Befragungen werden im siebten Kapitel beschrieben.

Ausgangspunkt des letzten Kapitels sind die erhobenen Daten aus dem vorherigen Kapitel. Daraus werden Ergebnisse ermittelt und ausgewertet. Die Handlungsempfehlung ist das Resultat aus einem Vergleich der empirischen Daten mit den theoretischen Erkenntnissen.

Ein Gesamtfazit und ein kurzer Ausblick auf zukünftig empfohlene Forschungsprojekte bilden den Abschluss der Arbeit.

THEORIETEIL

2 Personalauswahl

2.1 Definition und Aufgaben

Unter der Personalauswahl wird ein Prozess verstanden, der zur Ermittlung der geeignetsten Person für eine neueröffnete, freiwerdende bzw. unbesetzte Arbeitsstelle aus externen und internen Bewerbern dient (vgl. Bröckermann, 2007, S. 92). Zu den Aufgaben gehört zum einen die Auswahl von Verfahren zur Messung von Kompetenzen und Charaktereigenschaften der Bewerber und zum anderen die Beurteilung, ob diese die Anforderungen der Vakanz erfüllen. Dazu werden zuerst Erfolgskriterien entwickelt. Ab der Analyse der Bewerbungsunterlagen ist die Aufgabe zu bewältigen, die fachlichen, sozialen sowie persönlichen Leistungen und Eigenschaften der Bewerber zu beurteilen. Am Ende wird die Entscheidung getroffen, welchem Bewerber ein Vertragsangebot zukommt (vgl. Olfert, 2006, S. 187 ff.; Wöhe & Döring, 2010, S. 136).

Grundsätzlich wird davon ausgegangen, dass zwei Fehler bei der Personalauswahl begangen werden können: Ungeeignete Bewerber werden eingestellt (Alpha-Fehler) oder geeignete Bewerber werden abgelehnt (Beta-Fehler). Das Ziel ist, diese Fehler zu vermeiden, damit keine hohen Kosten oder andere Problematiken entstehen (vgl. Geoffroy & Geoffroy, 2017, S. 105).

Das Hauptziel der Personalauswahl ist die Organisationsentwicklung, die mit dem Bewältigen der oben genannten Aufgaben erreicht werden soll (vgl. Jost, 2008, S. 10 ff.). Die Organisationsentwicklung dient der Verbesserung der organisatorischen Leistungsfähigkeit und hilft somit bei der Erreichung strategischer Ziele eines Unternehmens. Auch die Qualität des Arbeitsalltages (faire Aufgabenaufteilung, Vertretung im Krankheitsfall usw.) der Mitarbeiter soll erhöht werden (vgl. ebd., S. 12 ff.).

2.2 Anforderungsprofil

Die Grundlage für das Auswahlverfahren bildet das Anforderungsprofil. Ohne festgelegte und gewichtete Kriterien werden Auswahlentscheidungen auf Basis von Sympathie und Antipathie beschlossen, was zu einer subjektiven Einstellentscheidung führt (vgl. Weuster, 2004, S. 37).

Welche fachlichen und sozialen Kompetenzen muss der Bewerber aufweisen, um die Stelle erfolgreich zu besetzen? Diese Frage soll das Anforderungsprofil beantworten, um die erforderlichen Erfolgskriterien möglichst messbar und beobachtbar zu gestalten.

Die gewünschten Qualifikationen, Fähigkeiten, Fertigkeiten, Erfahrungen, Kenntnisse und Verhaltensweisen des zukünftigen Mitarbeiters sollen möglichst detailliert beschrieben werden. Dadurch wird verhindert, dass die Entscheider der Personalauswahl unterschiedliche Vorstellungen vom zukünftigen Stelleninhaber haben. Zum Beispiel wird häufig das Schlagwort ‚leistungsfähig' genannt, was als Kompetenzbeschreibung in diesem Umfang nicht ausreicht (vgl. Corporate Coaching Institut, 2013). Um vage formulierte Beschreibungen zu vermeiden, werden die Aufgaben und Tätigkeiten der Stelle klar und ausführlich beschrieben. Dafür muss die zu besetzende Position genau analysiert werden. Da Personaler meistens Bewerber für andere Bereiche des Unternehmens suchen, ist es ratsam, sich mit den jeweiligen Bereichsleitern zusammenzusetzen und eine entsprechende Stellenanalyse durchzuführen. Bei neu geschaffenen Stellen können externe Personen in diesem Berufsfeld herangezogen werden.

Aus der Stellenanalyse leiten sich die fachlichen Qualifikationen, Fähigkeiten etc. ab, die ein Bewerber besitzen muss (vgl. Bröckermann, 2007, S. 92 f.; Swan, 1996, S. 33 ff.).

Eine weitere Dimension sind die notwendigen persönlichen Eigenschaften und sozialen Kompetenzen. Jeder Arbeitsplatz erfordert bestimmte Merkmale einer Person. Durch eine konkrete und verhaltensnahe Beschreibung werden auch diese Anforderungen möglichst beobachtbar gemacht. Demnach kann das Anforderungsprofil in zwei Kategorien unterteilt werden: das fachliche und soziale Anforderungsprofil (vgl. Lorenz & Rohrschneider, 2009, S. 17 ff.).

Es ist sinnvoll, in beiden Kategorien zwischen Muss- und Kann-Anforderungen zu differenzieren. Muss-Anforderungen sind unverzichtbar und dienen bereits bei der Vorauswahl als Kriterium, um Bewerber auszusortieren. Kann-Anforderungen hingegen sind optional und eher in der Endphase der Bewerberauswahl relevant (vgl. ebd., S. 24).

Als weitere Hilfe bei der erfolgreichen Erstellung des Anforderungsprofils bietet es sich an, drei aufeinander aufbauende Fragen im Vorfeld zu beantworten (vgl. ebd., S. 24 ff.):

1.) Welche Ziele verfolgt die angestrebte Position?
2.) Welche Aufgaben bzw. Tätigkeiten müssen erfüllt werden, um diese Ziele zu erreichen?
3.) Welche persönlichen Eigenschaften und Verhaltensweisen benötigt ein Bewerber zum Bewältigen dieser Aufgaben?

Wichtig ist hierbei, zwischen den Fragen zu differenzieren und z. B. keine Aufgaben als Ziele zu nennen (vgl. ebd., S. 24 ff.).

2.3 Prozesse der Personalauswahl

Die Leistungsfähigkeit einer Organisation basiert auf der Personalauswahl, denn die Mitarbeiter erbringen die Leistung. Dies macht die Personalauswahl zu einer der bedeutendsten Aufgaben des Personalwesens (vgl. Jung, 2012, S. 1 f.; Kanning, 2015, S. V).

Ein Personalauswahlverfahren durchläuft in der Regel folgende Prozesse, die in Abbildung 1 zu sehen sind.

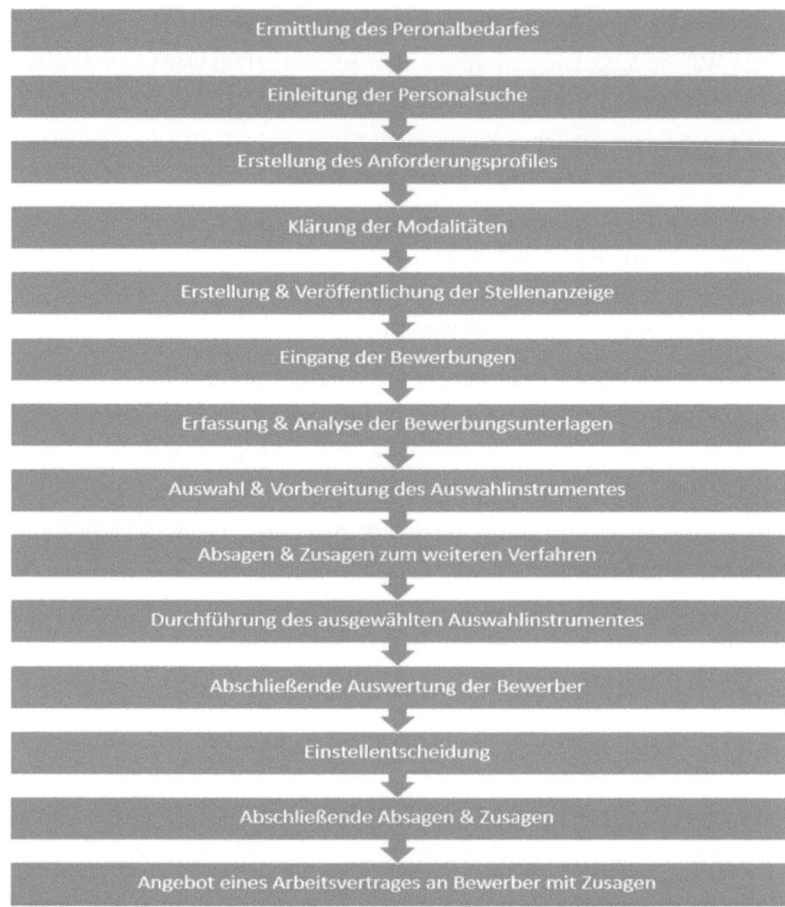

Abbildung 1: Ablaufprozesse der Personalauswahl
(Eigene Darstellung, angelehnt an: Albert, 2007; Bröckermann, 2007; Hohlbaum & Olesch, 2006; Jung, 2011; Lorenz & Rohrschneider, 2009; Olfert, 2006)

Vor der Personalauswahl wird zuerst der Personalbedarf ermittelt und die Personalsuche eingeleitet. Zu letzterer zählt die Genehmigung nächsthöherer Vorgesetzter, die Bestimmung der Kostenstelle und des Termins, wann die Stelle besetzt werden soll (vgl. Olfert, 2006, S. 187 ff.). Das Erstellen des Anforderungsprofils ist danach der erste Schritt im klassischen Personalauswahlprozess (siehe 2.2). Anschließend sind Modalitäten zu klären. Diese können z. B. die Ausgestaltung der Arbeit und Stelle, die persönliche Entwicklung sowie finanzielle Anreize sein. Als Nächstes wird die Stellenanzeige aus dem Anforderungsprofil abgeleitet und formuliert. Die Veröffentlichung kann intern und/oder extern geschehen (vgl. Albert, 2007, S. 67 ff.; Jung, 2012, S. 136 f.; Olfert, 2006, S. 187 ff.). Bei einer externen Stellenbesetzung ist die Auswahl der Medien und ggf. eine Zusammenarbeit mit einer Agentur oder dem Arbeitsamt notwendig.

Infolgedessen gehen Bewerbungen ein und werden erfasst. Eine Vorauswahl entscheidet, welche Bewerber in die Endphase des Auswahlprozesses gelangen und welche nicht (vgl. Lorenz & Rohrschneider, 2009, S. 61 f.). Die Unterlagen (Anschreiben, Lebenslauf, Zeugnisse) der Bewerber werden zunächst auf Form, Vollständigkeit, Stil und Inhalt analysiert, wonach erste Prognosen entwickelt werden (vgl. Albert, 2007, S. 89 f.; Bröckermann, 2007, S. 96 ff.; Hohlbaum & Olesch, 2008, S. 57 ff.; Kanning, 2015, S. 17 ff.).

Bereits an dieser Stelle spielt Kommunikation eine erhebliche Rolle und führt unbewusst zu Vorurteilen über die Bewerber. Geschlecht, Alter, Bewerberfoto, Herkunft, Religion und Namen der Bewerber führen durch die Vorurteile der Personaler vorzeitig zu einer verzerrten, subjektiven Beurteilung (vgl. Myers, 2005, S. 637 ff.). Eine Studie aus dem Jahr 2010 untermauert diese These, indem sie die Benachteiligung von Bewerbern mit türkischen Namen im deutschen Arbeitsmarkt belegt (vgl. Kaas, 2010). Nicht immer beeinflussen die gängigen Vorurteile die Personalauswahl. So kann ein Personaler einen Bewerber mit Migrationshintergrund fair beurteilen, aber eventuell eine unbewusste Ablehnung gegenüber einem reichen Erben haben. Anonymisierte Bewerbungsverfahren können bei der Minimierung dieser Problematik helfen. Eine Bewerbung ohne Foto, Namen, Geschlecht, Alter usw. kann die Chancengleichheit erhöhen. Dadurch wäre das Verfahren zudem standardisierter. Allerdings können Vorurteile trotzdem entstehen, sobald das Interview stattfindet (vgl. Warkentin, 2018).

An die Prüfung der Bewerbungsunterlagen im Auswahlprozess schließt sich die Auswahl und Vorbereitung eines Personalauswahlinstrumentes (Interview, Test, Assessment-Center, Probearbeit etc.) an. Darauf folgen Einladungen sowie Absagen der Bewerber zum weiteren Entscheidungsverfahren und der Durchführung dieser (vgl. Albert, 2007, S. 93 ff.). Im Nachhinein kommt es zur abschließenden Auswertung der Bewerber anhand des Auswahlinstrumentes und zur Einstellentscheidung. Zum Schluss werden die letzten Absagen versendet und bei einer positiven Einstellentscheidung wird dem Bewerber ein Arbeitsvertrag angeboten (vgl. Lorenz & Rohrschneider, 2009, S. 61 f.).

Für die Überprüfung von gewissen – meist theoretischen – Fachkompetenzen (Muss-Kriterien) ist das Testverfahren geeignet und sollte im Bewerbungsverfahren als Vorauswahlinstrument, zusätzlich zur Überprüfung des Lebenslaufes, genutzt werden (vgl. Albert, 2007, S. 96 ff.; Bröckermann, 2007, S. 130 ff.).

Welchen Einfluss und welche Auswirkungen Kommunikation bei der Erstellung, Durchführung und Auswertung des Auswahlverfahrens hat, wird im weiteren Verlauf dieser Arbeit deutlich. Zudem wird dargestellt, weshalb das Interview ein geeignetes Auswahlinstrument sein kann, wenn bestimmte Faktoren berücksichtigt werden.

2.4 Zwischenfazit

Die Personalauswahl verfolgt das Ziel der Organisationsentwicklung. Um dieses Ziel zu erreichen, sollten Alpha- und Beta-Fehler bei der Auswahl der Bewerber vermieden werden.

Die Grundlage, um den besten Bewerber auszuwählen, bildet das Anforderungsprofil. Damit dieses aussagekräftig wird, müssen die Kriterien konkret und detailliert beschrieben sowie gewichtet werden. Die Definition von Zielen, Aufgaben und Eigenschaften sowie Verhaltensweisen helfen bei der Erstellung des Anforderungsprofils. Ebenfalls ist eine Unterscheidung zwischen Muss- und Kann-Kriterien nützlich, um den Bewerberpool schon von Beginn an einzugrenzen. Eine Zusammenarbeit mit Fachabteilungen, für die die Vakanz ausgeschrieben wird, sollte stattfinden.

Aus dem Anforderungsprofil wird das Stellenprofil abgeleitet. Bereits bei der Überprüfung der Bewerberunterlagen kann es zu Vorurteilen kommen. Durch anonymisierte Bewerbungsverfahren kann dem entgegengewirkt werden. Als Vorauswahlinstrument eignet sich das Testverfahren, um einige Muss-Kriterien und theoretisches Fachwissen zu überprüfen. Kommunikation spielt bereits bei der Erstellung des Auswahlverfahrens eine Rolle. Im Verlauf dieser Arbeit wird dies erörtert und verdeutlicht.

3 Kommunikation und ihre Funktion in der Personalauswahl

Wie Watzlawick et al. (2016) schrieben, ist es unmöglich, nicht zu kommunizieren: „Man kann nicht nicht kommunizieren." (S. 58 f.)

In der Personalauswahl nimmt Kommunikation eine zentrale Funktion ein, denn Menschen werden anhand von Kommunikationsmerkmalen bewertet.

Wie ist es möglich, ständig zu kommunizieren, und was genau wird unter dem Begriff ‚Kommunikation' verstanden? Diese Frage wird im folgenden Abschnitt geklärt.

3.1 Unterscheidung zwischen verbaler und nonverbaler Kommunikation sowie sozialer Interaktion

Kommunikation ist die Vermittlung, die Aufnahme und der Austausch von Informationen jeglicher Art und kann in verbale und nonverbale Kommunikation unterteilt werden (vgl. Emrich, 2008, S. 18 f.; siehe Abbildung 2).

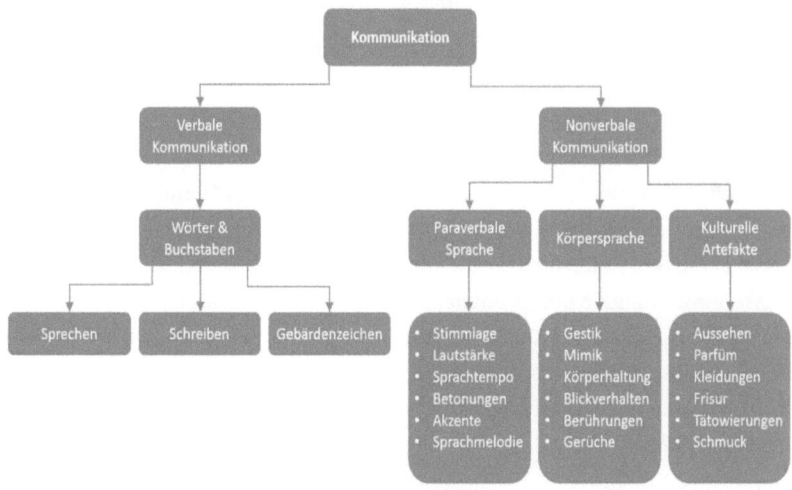

Abbildung 2: Kommunikation
(Eigene Darstellung, angelehnt an: Argyle, 2013, S. 13; Emrich, 2008, S. 18 f.; Khabyuk, 2019, S. 18 ff.; Sollmann, 2016, S. 7 f.)

Zur verbalen Kommunikation zählen sämtliche Aspekte, die eine Sprache charakterisieren. Dies sind Wörter und Buchstaben. Darin beinhaltet sind das Sprechen, das Schreiben und manche Gesten, wie die Gebärdensprache (vgl. Argyle, 2013, S. 13).

Nonverbale Kommunikation umfasst die Körpersprache, paraverbale Sprache und kulturelle Artefakte (vgl. Khabyuk, 2019, S. 18 f.; Sollmann, 2016, S. 7 f.). Die Körpersprache beinhaltet Gestik und sonstige Körperbewegungen, Mimik, Körperhaltung, Blickverhalten, Berührungen und Gerüche. Stimmlage, Lautstärke, Sprechtempo, Betonung, Pausen, Akzente und Sprachmelodie zählen zur paraverbalen Sprache. Der Habitus einer Person ist den kulturellen Artefakten zuzuordnen. Dazu gehören Aussehen, Frisur, Tätowierungen, Parfüm, Kleidung, Schmuck u. v. a. m. Habitus bezieht sich auf das allgemeine Erscheinungsbild einer Person, das sich aus ihrem Aussehen und Verhalten ergibt (vgl. Khabyuk, 2019, S. 20).

Kommunikation ist in der Regel eine Synchronisation aus mehreren Signalen. Wenn z. B. jemand lacht, werden Sprachmelodie und Stimmlage von Mimik und Gestik begleitet. In einem aktiven Gespräch werden verbale Signale von nonverbalen Signalen begleitet (vgl. Argyle, 2013, S. 13).

Verhalten (inkl. Handlung) ist auch stets Kommunikation und umgekehrt, denn ein Verhalten hat immer einen Mitteilungscharakter (z. B. Nichtbeachtung oder Schweigen). Somit werden zumindest nonverbale Signale vermittelt. Denn ein Mensch kann sich nicht nicht verhalten. Er kann lediglich aufhören zu sprechen, was aber nicht die nonverbalen Signale verhindert (vgl. Watzlawick et al., 2016, S. 58 f.).

In einer sozialen Interaktion ist Kommunikation der wichtigste Aspekt. Der Duden definiert Interaktion wie folgt: „aufeinander bezogenes Handeln zweier oder mehrerer Personen; Wechselbeziehung zwischen Handlungspartnern" (Duden, o. D.b). Daraus kann ein Kriterium für die Interaktion geschlussfolgert werden: Alle Seiten müssen miteinander kommunizieren, damit ein beidseitiges aufeinander bezogenes Handeln stattfindet und eine Beziehung entsteht. In einem Interview erfolgt eine Interaktion, denn es wird beidseitig miteinander kommuniziert – es entwickelt sich eine Beziehung zwischen Bewerber und Personaler und ihr Handeln bezieht sich aufeinander.

Soziale Interaktion ist somit die wechselseitige Beeinflussung und Steuerung von mindestens zwei Menschen. Sie besteht aus einer Selbstdarstellung und Interpretation einer anderen Person. Wer interagiert, der kommuniziert gleichzeitig und umgekehrt (Watzlawick et al., 2016, S. 59 ff.).

3.2 Bewusste und unbewusste Kommunikation

Jede Kultur hat festgelegte Kommunikationsmerkmale, die sich ähneln oder auch komplett unterschiedlich sein können (vgl. Sollmann, 2016, S. 24 f.). So bedeutet beispielsweise das Kopfnicken in Deutschland Zustimmung, in Griechenland hingegen meint es Ablehnung. Die Körpergestaltung (Kleidung, Frisur, Schmuck etc.) und Umgebungsgestaltung (Wohnung, Auto, Garten etc.) kann von Kultur zu Kultur, aber auch von Menschen zu Menschen, unterschiedliche Bedeutungen haben. Zum Beispiel kann der Anzug einer Geschäftsführung als Zeichen seines sozialen Status von einem Mitarbeiter interpretiert werden. Die Geschäftsführung selbst findet den Anzug lediglich ‚angebracht' und beabsichtigt nicht, ein anderes Signal zu äußern. In diesem Beispiel ist eine Unterscheidung zwischen bewusster und unbewusster Kommunikation nur schwer zu treffen. Argyle (2013, S. 15) beschreibt diesen undefinierten Zustand der Kommunikation als Zwischenstufe von Bewusstheit. Signale können auch je nach Kontext, Situation oder Anlass unterschiedlich geäußert oder wahrgenommen werden (vgl. Sollmann, 2016, S. 24 ff.).

Ekman (2017) hat sogenannte ‚Mikroausdrücke' erforscht. Laut seinen Ergebnissen gibt es mimische Ausdrücke, die angeboren und universal sind. Mikromimische Ausdrücke im Gesicht sind nicht steuerbar und immer und überall gleich, auch in unterschiedlichen Kulturen (vgl. Ekman, 2017, S. 17 ff.). Sie zeigen die aktuelle, echte Gefühlslage einer Person (vgl. ebd., S. 20, S. 54 ff.). Eine Erkenntnis aus Ekmans Forschung ist, dass es im Gegensatz zu den Mikroausdrücken auch sogenannte ‚Makroausdrücke' gibt. Damit ist die Körpersprache gemeint, über die in den meisten Forschungen oder Studien geschrieben wird bzw. über die in alltäglichen Situationen gesprochen wird. Diese Makroausdrücke sind erlernbar und kontrollierbar, können also bewusst kommuniziert werden (vgl. ebd., S. 5 ff.). Außerdem sind sie mit einem durchschnittlichen menschlichen Auge zu erkennen, Mikroausdrücke dagegen halten nur bis zu einer Fünftelsekunde an (vgl. ebd., S. 20). Sie sind somit zu schnell für das ungeschulte Auge. Aus seiner Forschung lässt sich demnach schließen, dass Mikroausdrücke bei jedem Menschen gleich sind und unbewusst kommuniziert werden, Makroausdrücke aber von Menschen zu Menschen bzw. von Kultur zu Kultur unterschiedlich sein können. So ist beispielsweise anhand von Mikromimik erkennbar, ob ein Lachen wahrhaftig positiv gemeint oder vorgetäuscht ist (vgl. ebd., S. 278 f.).

Eine Unterscheidung zwischen bewussten und unbewussten Signalen in der Kommunikation ist somit nicht immer eindeutig und schwer zu unterscheiden. In Unterkapitel 3.1 wurde bereits aufgezeigt, dass Menschen sich ständig verhalten.

Demnach werden immer zumindest nonverbale Signale ausgesendet, was die meiste Zeit unbewusst geschieht (vgl. Argyle, 2013, S. 14 f.).

3.3 Wahrnehmung

Informationen werden nicht nur permanent vermittelt, sondern auch aufgenommen und verarbeitet (siehe Abbildung 3).

■ Bewusste Wahrnehmung   ■ Unbewusste Wahrnehmung

Abbildung 3: Wahrnehmung von Reizen in Bits/s
(Eigene Darstellung, angelehnt an: Gerrig, 2018, S. 154 ff.; Mentale Intuition, 2018)

Es wird davon ausgegangen, dass Menschen pro Sekunde bis zu 15 000 000 Bits wahrnehmen können (vgl. Mentale Intuition, 2018). Dazu zählen die visuelle (Sehen), kinästhetische (Bewegungsempfindung), auditive (Hören), haptische (Tasten), olfaktorische (Riechen), gustatorische (Schmecken) und vestibuläre (Gleichgewichtsempfindung) Wahrnehmung (vgl. Gazzaniga et al., 2017, S. 263–309; Gerrig, 2018, S. 135–155). In die bewusste Wahrnehmung gelangen aber nur bis zu 60 Bits. Das bedeutet, der größte Teil der menschlichen Wahrnehmung geschieht unbewusst (vgl. Gerrig, 2018, S. 154 ff.).

Unbewusst ist nicht gleichzusetzen mit unzugänglich (vgl. Mentale Intuition, 2018). Die meisten wahrgenommenen Sinneseindrücke hinterlassen Spuren in Form von Erfahrungen und Erinnerungen. Darauf kann das Gehirn zurückgreifen und mit bestehenden Informationen abgleichen und entsprechend reagieren. Diese Reaktion kann bewusst oder unbewusst geschehen. Unbewusste Reaktionen auf die Wahrnehmung erfolgen intuitiv, z. B. wenn Gefahr wahrgenommen und unbewusst ein Schutzmechanismus ausgelöst wird (vgl. Gazzaniga et al., 2017, S. 255 ff.). Eine solche Reaktion ist beispielsweise das automatische Zucken einer Person, wenn diese erschrocken ist.

3.4 Zwischenfazit

Kommunikation wird in verbale und nonverbale Kommunikation unterschieden. Verbal ist die Kommunikation, die sprachlich erfolgt. Das beinhaltet mündliche und schriftliche Kommunikation sowie Gebärdensprache. Als nonverbal hingegen werden die Körpersprache und die paraverbale Sprache (Stimme) bezeichnet. Weiterhin kann Kommunikation in bewusste und unbewusste Kommunikation gegliedert werden. Eine Unterscheidung ist schwer zu treffen, allerdings zählt zumindest unkontrollierbares Verhalten zur unbewussten Kommunikation und absichtliches kontrolliertes Verhalten zur bewussten Kommunikation.

Menschen geben ständig mindestens unbewusste, nonverbale Signale von sich und nehmen auch immer unbewusst welche auf. Es findet demnach ein stetiger Informationsaustausch statt. Es ist unmöglich, keine Informationen (Signale) zu vermitteln sowie keine Informationen aufzunehmen und zu verarbeiten. Wer Signale von sich gibt und aufnimmt, interagiert gleichzeitig, denn durch den Informationsaustausch kommt es zur Beeinflussung anderer Menschen und zum Interpretieren von Signalen. Es lässt sich somit festhalten, dass Menschen immer miteinander kommunizieren und interagieren.

4 Kommunikationsmodelle

Kommunikation ist ein umfangreiches und komplexes Thema, weshalb sich eine eigenständige Wissenschaft damit befasst. Zahlreiche Versuche wurden bereits durchgeführt, Kommunikation zu analysieren und zu beschreiben. Daraus wurden Kommunikationsmodelle entwickelt, die jeweils verschiedene Aspekte in den Fokus stellen. Ein Modell ist ein schematisches und vereinfachtes Abbild der Wirklichkeit. Es wird genutzt, um reale Situationen zu analysieren und zu beschreiben (Horn, 2018). Kommunikationsmodelle dienen insofern dazu, die komplexe Wirklichkeit der Kommunikation vereinfacht darzustellen.

4.1 Sender-Empfänger-Modell nach Shannon und Weaver

Das Sender-Empfänger-Modell nach Shannon und Weaver (1976) gehört zu den Basismodellen der Kommunikationswissenschaft. Es beeinflusste die Entwicklung anderer Modelle sowie Theorien in der Kommunikation und wird in dieser Arbeit als Einstiegsmodell verwendet. Es besagt, dass zu jeder Kommunikation immer zwei Seiten gehören: der Sender und der Empfänger. Der Sender möchte dem Empfänger etwas mitteilen. Das können z. B. seine Gefühle, Wünsche, Erwartungen oder Sachinformationen sein. Der Sender muss seine Nachricht in einen ‚Code' umwandeln, z. B. durch das Sprechen, Schreiben oder seine Körpersprache, und ihn absenden. Dieser Code trifft auf den Empfänger, der ihn ‚decodieren', d. h. entschlüsseln, muss. Erst wenn der Empfänger den Code übersetzt hat, kann er die Botschaft interpretieren (vgl. Shannon & Weaver, 1976, S. 16 f.).

Das Sender-Empfänger-Modell kann in sieben Schritte aufgeteilt werden, die in Abbildung 4 präsentiert sind.

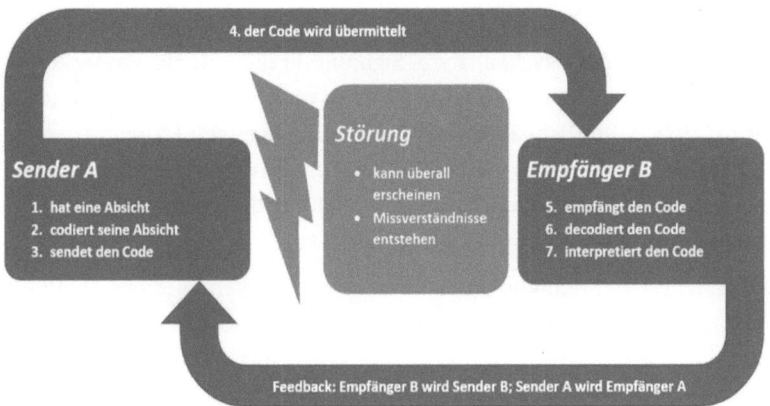

Abbildung 4: Sender-Empfänger-Modell
(Eigene Darstellung in Anlehnung an: Shannon & Weaver, 1976, S. 16)

1. Der Sender A hat eine Absicht.
2. Der Sender A codiert seine Absicht.
3. Der Sender A sendet den Code.
4. Der Code wird übermittelt.
5. Der Empfänger B empfängt den Code.
6. Der Empfänger B decodiert den Code.
7. Der Empfänger B interpretiert den Code.

Nach der Interpretation antwortet der Empfänger B dem Sender A. Der Prozess beginnt erneut, jedoch werden dieses Mal die Rollen von Sender und Empfänger getauscht. Mit dieser Reaktion wird überprüft, ob die Botschaft richtig verstanden wurde. Es wird ein Feedback gegeben. Entscheidend ist die Wirkung des gesamten Prozesses. Wenn Person A und B nicht dieselbe Codierung/Decodierung verwenden, kann es zu einem Missverständnis kommen. In jedem der sieben Schritte kann eine Störung auftreten (vgl. ebd., S. 30 ff.). Zum Beispiel verschränkt ein Bewerber (Sender) seine Arme während eines Interviews, was der Personaler (Empfänger) als ablehnend interpretiert. Der Bewerber hatte lediglich die Absicht, seine Körperhaltung zu variieren, nachdem er längere Zeit in einer Position saß, um nicht als verkrampft empfunden zu werden (vgl. Sollmann, 2016, S. 8). Ein weiteres Beispiel ist, dass der Empfänger die Sprache des Senders nicht versteht.

4.2 Eisbergmodell

Der Begründer der Psychoanalyse, Sigmund Freud, gilt als ‚Entdecker des Unbewussten'. Das Eisbergmodell wird 35 Jahre nach seinem Tod von Ruch und Zimbardo (1974, S. 366) erwähnt und ist an Freuds allgemeine Theorie der Persönlichkeit angelehnt. Es legt den Fokus auf den unbewussten Teil der Kommunikation und stellt somit ein zweites Einstiegsmodell für diese Arbeit, mit einem anderen Schwerpunkt, dar.

Das Modell stellt Kommunikation in Form eines Eisberges (siehe Abbildung 5) dar: Die Spitze macht nur einen kleinen Teil aus und ist direkt wahrnehmbar, denn sie liegt über der Wasseroberfläche. Der beträchtlich größere Teil des Eisberges ist jedoch versteckt unter der Wasseroberfläche (vgl. Ruch & Zimbardo, 1974, S. 366 ff.).

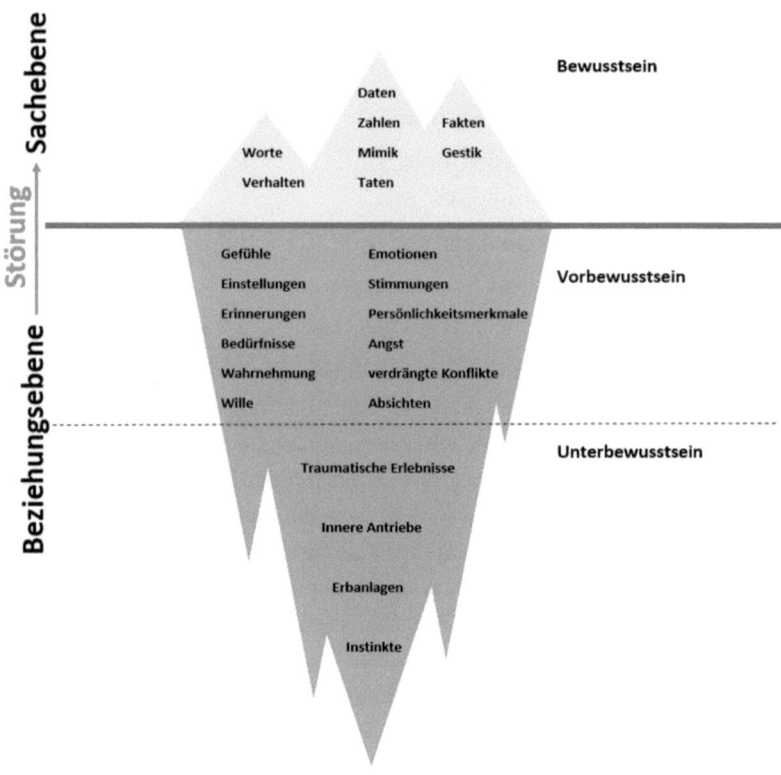

Abbildung 5: Eisbergmodell
(Eigene Darstellung in Anlehnung an: Ruch & Zimbardo, 1974, S. 366)

Der sichtbare Eisberg über der Wasseroberfläche ist die Sachebene. Sie repräsentiert den Teil der Kommunikation, der bewusst wahrgenommen wird. Die zentrale Frage dieser Ebene lautet: Was wird kommuniziert? Dazu gehören z. B. Worte, Taten und auch die Körpersprache (vgl. ebd., S. 366 f.).

Unter der Wasseroberfläche wird der unbewusste Teil der Kommunikation dargestellt. Wie wird kommuniziert? Um diese Frage geht es auf der Beziehungsebene, zu der z. B. die Gefühle (Emotionen, Stimmungen, Einstellungen, Bedürfnisse), die Wahrnehmung (Vorstellungen, Gedanken, Interpretationen, Ziele) sowie der Wille (Absichten, Antriebe, Motive) zählen (vgl. ebd., S. 366 f.).

Ruch und Zimbardo (1974, S. 367) haben außerdem eine weitere Bewusstseinsebene eingebaut: das Vorbewusste. Es steht zwischen Bewusstsein und Unterbewusstsein, gehört aber in die Beziehungsebene. Das Vorbewusste ist alles, was augenblicklich nicht bewusst ist, aber vom Unbewussten in das Bewusstsein gebracht werden kann. Das können z. B. Erinnerungen, Wahrnehmungen, Ereignisse usw. sein, die erst später realisiert werden bzw. erst in das Bewusstsein gerufen werden müssen. So spricht man beispielsweise mit einem neuen Arbeitskollegen, der einem zunächst unbekannt erscheint. Nach Feierabend erinnert man sich erst, dass man vor zehn Jahren mit dieser Person auf derselben Schule war und sie bereits kennt. Der Unterschied zum Unbewussten ist, dass kein großer Widerstand zu überwinden ist, wenn das Vorbewusste in das Bewusste eindringt. Zum Unbewussten zählen verdrängte Inhalte wie traumatische Erlebnisse, innere Antriebe oder Instinkte. Auch Organfunktionen, die vererbt werden, gehören dazu (vgl. ebd., S. 367 f.).

Störungen im Eisbergmodell finden zuerst in der Beziehungsebene statt. Diese wirken sich auf die Sachebene aus. Somit besteht ein hohes Risiko für Konflikte und Missverständnisse. Es genügt bereits, einen Satz nicht so zu betonen, wie er ursprünglich gemeint war. Die Sachinformationen werden im Gespräch zweitrangig und es kommt möglicherweise zu einem Konflikt (vgl. ebd., S. 367 ff.). Selbst bei einem Kompliment kann dies als sarkastisch wahrgenommen werden und zu einem Missverständnis führen.

4.3 Kommunikationsquadrat

Schulz von Thun (2011) entwickelte das Kommunikationsquadrat als einen Ausbau des Eisbergmodells und des Sender-Empfänger-Modells. Zusätzlich zur Sach- und Beziehungsebene fügte er die Selbstkundgabe und die Appellseite hinzu.

Zusammen bilden diese vier Aspekte das Kommunikationsquadrat, das der Abbildung 6 zu entnehmen ist.

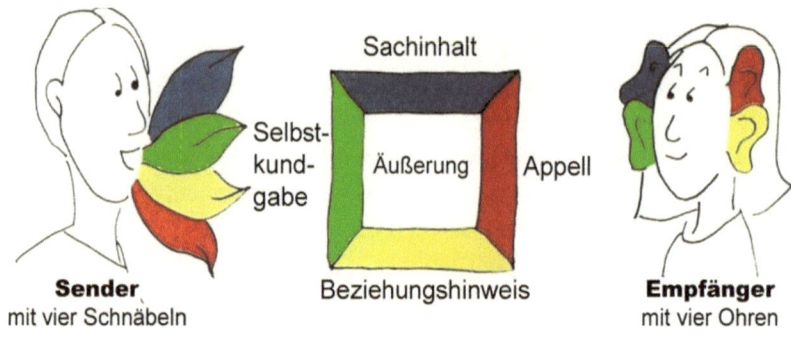

Abbildung 6: Kommunikationsquadrat
(Schulz von Thun Institut, o. D.)

Die Äußerung des Senders hat vier Seiten, auch ‚vier Schnäbel' genannt, und wird vom Empfänger auf vierfache Weise durch vier Ohren wahrgenommen (vgl. Schulz von Thun, 2011, S. 15, S. 27 ff., S. 48 ff.).

Jede Ebene hat zudem eine zugewiesene Farbe.

Blau – Bei der Sachinformation geht es um Daten, Fakten und Sachverhalte. Der Sender hat die Aufgabe, die Sachinhalte klar und verständlich auszudrücken. Der Empfänger prüft die Nachricht mit seinem ‚Sach-Ohr' auf Wahrheit (wahr oder unwahr?), Relevanz (Sind die Inhalte von Belang oder nicht von Belang?) und Hinlänglichkeit (Genügen die Informationen oder sind sie ergänzungsbedürftig?). Der Empfänger kann dann entsprechend der Kriterien reagieren (vgl. ebd., S. 28, S. 48ff.).

Grün – Die Selbstkundgabe gibt Hinweise darauf, was im Inneren des Senders vorgeht. Der Sender gibt mit jeder Äußerung Gedanken, Gefühle etc. preis. Der Empfänger kann dies zum Deuten der Persönlichkeit seines Kommunikationspartners verwenden. Dies geschieht bewusst, teilbewusst und/oder unbewusst (vgl. ebd., S. 29 f., S. 48 ff., S. 59 ff.).

Gelb – Durch Körpersprache, Stimme und Formulierungen werden auf der Beziehungsebene Hinweise offenbart, wie Sender und Empfänger zueinanderstehen und sich einschätzen. Es kann Wertschätzung, Respekt, Wohlwollen, Gleichgültigkeit, Verachtung etc. geäußert und wahrgenommen, gefühlt und interpretiert werden (vgl. ebd., S. 30 f., S. 48 ff., S. 56 ff.).

Rot – Jede Nachricht enthält einen Appell. Der Sender möchte Einfluss auf den Empfänger nehmen und etwas bewirken. Er äußert Bitten, Befehle, Wünsche, Ratschläge etc. an sein Gegenüber. Der Empfänger fragt sich auf seinem ‚Appell-Ohr', was er fühlen, denken oder tun soll (vgl. ebd., S. 32, S. 48 ff., S. 64 ff.).

Auch in diesem Modell gehören Störungen, die zu Missverständnissen führen, zur Regel. Dies kann z. B. durch eine falsche Einschätzung der Beziehung zum Empfänger geschehen (vgl. ebd., S. 80 ff.). Es können auch Signale versendet werden, die nicht zueinander passen – etwa, wenn jemand behauptet, er fühle sich ausgezeichnet, aber einen traurigen Gesichtsausdruck zeigt. Aber auch der Empfänger beeinflusst, ob die Kommunikation gelingt. Wie die Nachricht wahrgenommen und interpretiert wird, hängt unter anderem davon ab, wie die Stimmung des Empfängers ist (Hat er einen ‚schlechten Tag'?). Es sind also Sender und Empfänger für die Qualität der Kommunikation verantwortlich (vgl. ebd., S. 87 ff.). Schulz von Thun (2011) rät bei Kommunikationsstörungen dazu, eine Vogelperspektive einzunehmen. Dies gelingt, indem die Kommunikation hinterfragt und über sie gesprochen wird. Es sollte geklärt werden, ob es tatsächlich richtig verstanden wurde bzw. so gemeint war, wie es interpretiert wurde. Die Schwierigkeiten müssen gemeinsam identifiziert und gelöst werden (vgl. ebd., S. 87 ff., S. 91 ff.). Es ist demnach eine gemeinsame Reflexion der Kommunikation notwendig.

4.4 Fünf Axiome der Kommunikation

Watzlawick et al. (2016) versuchten herauszufinden, weshalb Kommunikation in einer Interaktion so oft scheitert und dadurch Missverständnisse sowie Streit entstehen. Sie untersuchten Störungen in der Kommunikation und deren Auslöser. Daraufhin entwickelten sie die fünf Axiome der Kommunikation. Ein Axiom ist ein als wahr definierter Grundsatz (vgl. Duden, o. D.a). Die fünf Axiome der Kommunikation stellen einen der wichtigsten Grundpfeiler zum Verständnis der menschlichen Kommunikation dar (siehe Abbildung 7).

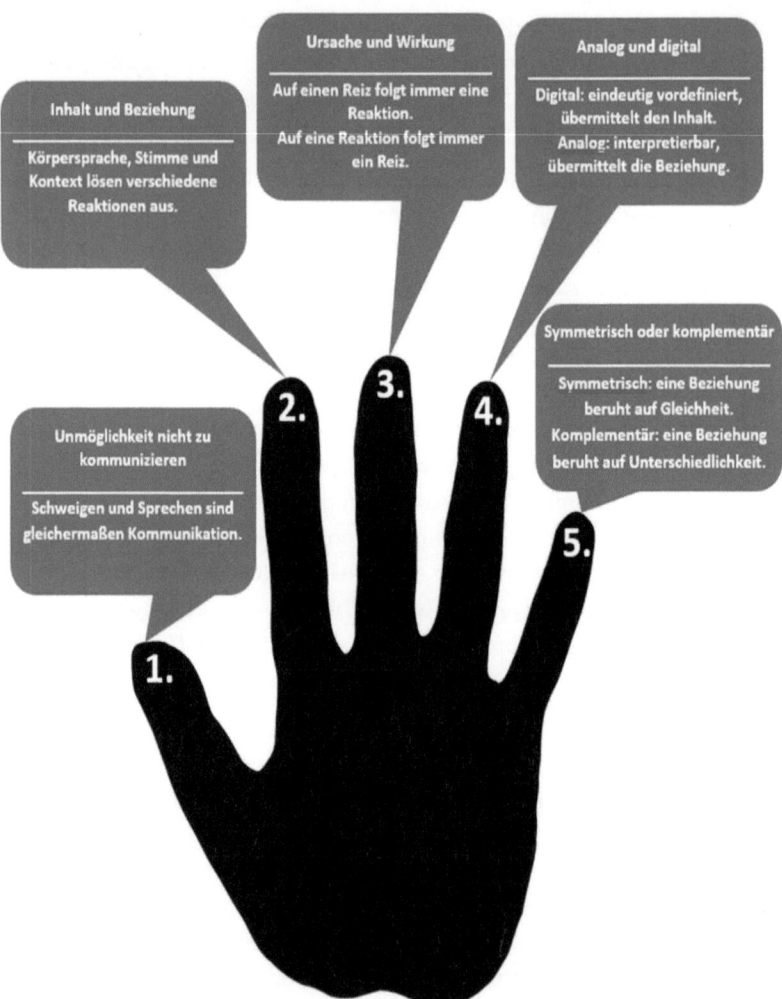

Abbildung 7: Die fünf Axiome der Kommunikation
(Eigene Darstellung, angelehnt an: Watzlawick et al., 2016; verwendetes Bild (Hand) von „STOP", 2014)

Das erste und bekannteste Axiom lautet: „Man kann nicht nicht kommunizieren." (Watzlawick et al., 2016, S. 60) Es bedeutet, dass es unmöglich ist, keine Signale von sich zu geben und/oder nicht auf Signale zu reagieren. Das kann bewusst oder unbewusst geschehen. Watzlawick et al. schrieben: „Der Mann im überfüllten Wartesaal, der vor sich auf den Boden starrt oder mit geschlossenen Augen dasitzt, teilt den anderen mit, dass er weder sprechen noch angesprochen werden will, und gewöhnlich reagieren seine Nachbarn richtig darauf, indem sie ihn in Ruhe lassen. Dies ist nicht weniger ein Kommunikationsaustausch als ein angeregtes Gespräch." (ebd., S. 59) Es muss also nicht gesprochen werden, um zu kommunizieren. Denn auch das Verhalten ist Kommunikation und umgekehrt. Daraus schlussfolgerten Watzlawick und sein Team, dass es unmöglich ist, nicht zu kommunizieren, denn es ist unmöglich, sich nicht zu verhalten (vgl. ebd., S. 58 ff.).

Das zweite Axiom besagt, dass Kommunikation immer aus einem Inhalts- und einem Beziehungsaspekt besteht. Dabei definiert der Beziehungs- den Inhaltsaspekt. Das bedeutet, dass die Kommunikation niemals rein informativ abläuft. Zum Beispiel hat ein Mitarbeiter eine Aufgabe erledigt und der Vorgesetzte sagt zu ihm, dass er das gut gemacht hat. Je nachdem wie die Körpersprache, die Stimme, der Kontext usw. diese Aussage untermauern, können verschiedene Reaktionen ausgelöst werden. Der Vorgesetzte (Sender) kann damit Bestätigung, Abwertung (z. B. durch ironischen Tonfall) oder ähnliches ausdrücken. Der Mitarbeiter (Empfänger) kann die Aussage positiv, neutral oder negativ verstehen. Wenn der Mitarbeiter den Vorgesetzten nicht mag, wird er in den meisten Fällen seine Aussagen abwerten. Diese Beziehung wird auf der Inhaltsebene ausgetragen und führt so oft zu einer Störung in der Kommunikation. Nur wenn die ausgesendeten Signale auch so wahrgenommen werden, wie sie gemeint sind, kann die Kommunikation erfolgreich sein (vgl. ebd., S. 61 ff.).

Das dritte Axiom lautet: „Die Natur einer Beziehung ist durch die Interpunktion der Kommunikationsabläufe seitens der Partner bedingt." (ebd., S. 69 f.). Dieser Satz meint, dass Kommunikation immer aus einer Ursache und ihrer Wirkung besteht. Auf eine Aktion bzw. einen Reiz folgt immer eine Reaktion. Auf diese folgt wiederum ein Reiz, der die nächste Reaktion bewirkt. Es ist also ein Wechselspiel aus Reiz und Reaktion (vgl. ebd., S. 65 ff.). Im negativen Fall kann dies eskalieren und sich zu einem Streit mit gegenseitigen Vorwürfen entwickeln. Watzlawick et al. (2016, S. 67) nennen als Beispiel die nörgelnde Ehefrau und den Ehemann, der sich zurückzieht. Dieser Fall ist in Abbildung 8 dargestellt.

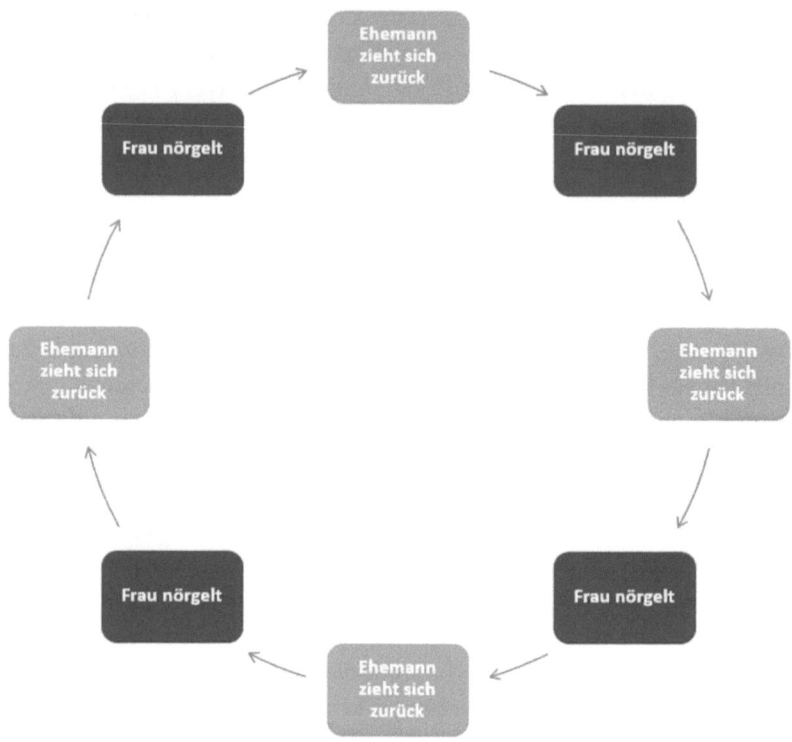

Abbildung 8: Beispiel für einen Teufelskreis der Kommunikation
(Eigene Darstellung nach: Watzlawick et al., 2016, S. 67)

Die Ehefrau nörgelt, weil der Ehemann sich zurückzieht. Der Ehemann zieht sich zurück, weil die Ehefrau nörgelt. Beide begründen ihr eigenes Handeln durch das Verhalten des jeweils anderen. Jeder empfindet seine Ansichten als wahr und es entsteht ein Konflikt. Was die wirkliche Ursache ist, bleibt meistens unbekannt (vgl. ebd., S. 67 f.). Diese subjektive Wahrnehmung führt zu einer Störung im Kommunikationsprozess und bestimmt zugleich das weitere Handeln. Eine solche Auseinandersetzung wird ‚Teufelskreis der Kommunikation' genannt. Mit jeder Reaktion auf das Vorhergeschehene wird dieser Teufelskreis bestärkt. Um ihn zu stoppen, ist eine nach vorn gerichtete sowie offene Kommunikation nötig. Beide Kommunikationspartner sollten nach einer Lösung statt der Ursache suchen, um die gegenwärtige Situation zu ändern. Der Kommunikationsprozess unterliegt somit einer gewissen Struktur, die letztendlich kreisförmig verläuft. Kommunikation hat demnach keinen Anfang und kein Ende (vgl. ebd., S. 65 ff.).

Das vierte Axiom unterteilt in digitale und analoge Kommunikation. Digital bedeutet in diesem Fall, dass die Bedeutung einer Nachricht eindeutig vordefiniert ist und kaum Spielraum bei der Entschlüsselung vorhanden ist. Analog dagegen meint, dass eine Übermittlung interpretierbar ist. In der Regel ist eine gemeinsame Sprache klar definiert und zählt somit zur digitalen Kommunikation. Körpersprache und Stimme hingegen sind subjektiv interpretierbar und dadurch analog. Der Inhaltsaspekt einer Nachricht wird digital und verbal vermittelt, der Beziehungsaspekt analog und nonverbal sowie paraverbal. So ist zum Beispiel das Wort ‚Hund' in der deutschen Sprache der Name für ein Tier und jeder, der diese Sprache beherrscht, wird dasselbe Tier darunter verstehen. Somit handelt es sich um eindeutige Kommunikation, die digital ist. Wenn jemand gähnt, kann dies als Langeweile oder Müdigkeit interpretiert werden. Es besteht also analoge Kommunikation, da ein Interpretationsspielraum vorhanden ist. Digitale und analoge bzw. verbale, nonverbale und paraverbale Kommunikation sollten sich ergänzen und nicht widersprechen, um Missverständnisse zu vermeiden. Beispielsweise sagt Person A zu Person B: „Ich bin mir sicher.", mit einer zitternden Stimme. Person B kann dies als Unsicherheit interpretieren, womit sich die digitale und analoge Botschaft widersprechen (vgl. ebd., S. 70 ff.).

Das fünfte Axiom lautet: „Zwischenmenschliche Kommunikationsabläufe sind entweder symmetrisch oder komplementär, je nachdem, ob die Beziehung zwischen den Partnern auf Gleichheit oder Unterschiedlichkeit beruht." (ebd., S. 81) Bei einer symmetrischen Kommunikation ist diese durch die Gleichheit der Partner geprägt. Beide kommunizieren gleichberechtigt und sind sich in ihrem Verhalten ebenbürtig. Beide verhalten sich ‚spiegelbildlich' und versuchen, Unterschiede zu vermindern. Dies kann beispielsweise auf den Humor bezogen werden, wenn zwei Freunde über dieselben Witze lachen. Auch Vertragsverhandlungen unter Geschäftspartnern sind – meistens – symmetrisch. In komplementären Beziehungen ist die Kommunikation ergänzend. Das bedeutet, dass eine Person die primäre Stellung einnimmt und die andere eine entsprechend sekundäre. Damit ist nicht gemeint, dass eine Person übergeordnet und die andere untergeordnet (oder ‚stark' und ‚schwach') ist. So können verschiedene Ansichten etwa zu anregenden Diskussionen oder verschiedene Talente zu einer guten Zusammenarbeit führen. Beispiele für komplementäre Beziehungen können sein: Mutter – Sohn, Lehrer – Schüler, Chef – Mitarbeiter etc. (vgl. ebd., S. 78 ff.) Störungen können genauso symmetrisch wie komplementär auftreten. Watzlawick et al. schrieben von „symmetrischen Eskalationen" (ebd., S. 121), wenn beide Kommunikationspartner versuchen, sich gegenseitig auszustechen. Wenn es darum geht, ‚gleicher als gleich' zu sein, entwickelt sich eine kaum kontrollierbare Dynamik. Im Bereich der Komplementarität kann ein Konflikt entstehen, sobald ein Empfinden von beispielsweise ‚stark' und ‚schwach' – also ein Gefühl von überlegen und unterlegen sein – entsteht (vgl. ebd., S. 121 ff.).

4.5 Störungen in der Kommunikation und wertschätzende Kommunikation

Jedes Kommunikationsmodell stimmt in folgendem Punkt überein: Störungen gehören zum Alltag und erschweren eine barrierefreie Kommunikation. Die Gründe dafür können vielfältig sein. Die Ursachen können durch Rahmenbedingungen (z. B. laute Umgebung) bedingt sein, aufseiten des Empfängers und aufseiten des Senders entstehen. Störungen können niemals gänzlich vermieden werden und sollten nicht als unnormal angesehen werden.

Durch eine wertschätzende Kommunikation in einer Interaktion können Störungen minimiert und vermieden werden (vgl. Swan, 1996, S. 19). Auch wenn keine gleiche ‚Wellenlänge' mit dem Gegenüber gefunden werden kann, sollte Respekt signalisiert werden. Dazu gehört ein Mindestmaß an Vertrauen, das durch eine achtsame und freundliche Haltung entsteht (vgl. ebd., S. 21 ff.). Als Personaler sollte diese Haltung jeden Tag neu belebt und insbesondere bei einem Interview eingehalten werden. Vertrauen und Wertschätzung bilden das Fundament für das Agieren miteinander. Ohne dieses Fundament entstehen in der Regel Störungen in der Kommunikation. Ein Interview sollte keine starken negativen Gefühle, wie Ängste oder Anspannungen, im Bewerber auslösen. Ein Gefühl gegenseitigen Vertrauens und Respekts sowie eine zwanglose Gesprächsatmosphäre sind notwendig (vgl. ebd., S. 65 ff.). Wertschätzende Kommunikation gestaltet die zwischenmenschlichen Beziehungen so, dass jeder davon profitiert. Aus geschäftlicher Sicht lohnt sich ein wertschätzendes Gespräch, da mehr aufschlussreiche Informationen vom Bewerber erhalten werden und es einen positiven Eindruck des Unternehmens hinterlässt. Dies führt unter anderem dazu, dass ein geeigneter Bewerber mehr bereit sein wird, die Stelle anzunehmen (vgl. ebd., S. 66 f.).

4.6 Zwischenfazit

Das Sender-Empfänger-Modell sowie das Eisbergmodell stellen erste Basismodelle mit unterschiedlichen Aspekten dar. Das Kommunikationsquadrat fügt beide Modelle zusammen und bildet eine vereinfachte Veranschaulichung über die

Komplexität und Vielfalt der Kommunikation. Watzlawick und sein Team gehen einen Schritt weiter und decken die wichtigsten Erkenntnisse der Kommunikationsforschung anhand von fünf Axiomen ab.

Kommunikation findet ständig statt und Störungen können niemals komplett vermieden werden. Es ist jedoch möglich, Störungen zu reduzieren und so das Zusammenleben zu vereinfachen und Konflikte zu umgehen. Störungen können eliminiert werden. Dafür ist eine wertschätzende Kommunikation der erste Schritt. Weiterhin sollte gemeinsam eine Lösung für die Störung gefunden und keine Ursachenforschung betrieben werden, da dies nur zu einem endlosen Teufelskreis von Konflikten führt.

Der gesamte Prozess in der Personalauswahl beinhaltet Kommunikation, denn in jedem Schritt wird ständig kommuniziert. Bereits bei der Erstellung des Interviews hat Kommunikation demnach eine entscheidende Bedeutung. Denn ohne erfolgreiche Kommunikation mit allen Verantwortlichen im Personalauswahlprozess ist eine mangelhafte Personalauswahl wahrscheinlich.

5 Das Interview

Bei der Auswahl eines neuen Kandidaten für eine Vakanz müssen seine fachlichen und sozialen Kompetenzen sowie seine Persönlichkeit überprüft werden (vgl. Bröckermann, 2007, S. 92). In Kapitel 2.3 wurde bereits beschrieben, wie die Prozesse in der Personalauswahl im Regelfall ablaufen. Das Interview ist in Deutschland und weltweit das am häufigsten verwendete Auswahlinstrument (vgl. Becker, 2010, S. 105; Weuster, 2004, S. 172). Da es durch die Interaktion zwischen Bewerber und Personaler zu einem aktiven und direkten Gespräch kommt, sollte ein hoher Wert auf die Kommunikation gelegt werden. Denn anhand von Kommunikationsmerkmalen wird der Bewerber letztendlich ausgewertet. Bei Vorstellungsgesprächen wird zwischen mehreren Varianten unterschieden. Zur Anwendung kommen unstrukturierte, teilweise strukturierte und strukturierte Interviews.

5.1 Interviewtypen (unstrukturiert, semistrukturiert, strukturiert)

Das unstrukturierte Interview wird auch freies oder offenes Interview genannt. Es ist vergleichbar mit einem alltäglichen Gespräch. Dem Personaler steht entweder kein oder nur ein allgemeiner Leitfaden zur Verfügung (vgl. Bröckermann, 2007, S. 122). Beide Gesprächspartner können demnach den Gesprächsverlauf aktiv beeinflussen. Ein vorab abgestimmtes Anforderungsprofil wird nicht verwendet. Der Gesprächsverlauf ist bei jedem Bewerber anders, wodurch mehr über die Charaktereigenschaften jedes individuellen Bewerbers in Erfahrung gebracht werden kann. Allerdings stellt sich hier die Frage, ob die erfahrenen Eigenschaften letztendlich relevant für die ausgeschriebene Stelle sind. Die Auswertung der Bewerber verläuft beim unstrukturierten Interview rein subjektiv. Es gibt keine Bewertungshilfen und auch die Fragen ändern sich von Bewerber zu Bewerber, was zu intuitiven Beurteilungen führt. Zudem wird der Lernprozess für den Interviewgeber erschwert, da die Erfahrungswerte keine oder nur geringe Vergleichbarkeit aufweisen (vgl. Weuster, 2004, S. 186 f.).

Das semistrukturierte (teilstrukturierte) Interview ist eine Kombination aus dem unstrukturierten und dem strukturierten Interview. Es wird im Vorhinein ein einheitlicher Leitfaden erstellt, der sich allerdings in jedem Interview individuell gestalten lässt. Alle relevanten Aspekte werden somit durchgegangen und es kann individueller auf jeden Bewerber eingegangen werden, um weitere evtl. relevante Eigenschaften kennenzulernen. Jedoch hat der Interviewer selbst einen größeren Einfluss auf den Gesprächsverlauf, was wiederum zu hoher Subjektivität und Urteilsverzerrungen führen kann. Zudem ist eine spontane Umformulierung der

Fragestellungen während des Interviews gestattet. Dies lässt zu, dass bestimmte Fragen so umformuliert werden, dass sie Hinweise auf bevorzugte Antworten geben (vgl. Bröckermann, 2007, S. 122; Technische Universität Dresden, 2018).

Das strukturierte Interview ist durch einen einheitlichen Leitfaden hinsichtlich Fragen und Auswertungen gekennzeichnet. Die Fragen ergeben sich aus einer vorab ermittelten Anforderungsanalyse (siehe Unterkapitel 2.2) und werden mit jedem Bewerber in gleicher Weise durchgegangen. Dies hat zum Ziel, die Aussagekraft der Beurteilung zu erhöhen und die Ergebnisse möglichst unabhängig vom Interviewer entstehen zu lassen (vgl. Jetter, 2008, S. 88 ff.). Infolgedessen wird eine Vergleichbarkeit der Interviewergebnisse sichergestellt. Bei der Formulierung der Fragen sollten offene Fragen vermieden werden. Zudem dürfen sie keinen Hinweis auf eine möglicherweise bevorzugte Antwort geben (vgl. ebd., S. 99). In Betracht kommen die folgenden Fragetypen.

- biografische Fragen, die bezogen auf den Lebenslauf oder vergangene Erfahrungen sind (vgl. Albert, 2007, S. 93; Bröckermann, S. 2007, S. 123, S. 126).
- situative Fragen: Wie würde sich der Bewerber in bestimmten Situationen verhalten? Dabei sollten realistische Fragen gestellt werden, die am Arbeitsplatz auftreten oder auftreten können (vgl. Bröckermann, 2007, S. 123, S. 127; Jetter, 2008, S. 90 f.; Weuster, 2004, S. 222).
- fachliche Fragen, wie Kenntnisse, Kompetenzen und Fachwissen (vgl. Jetter, 2008, S. 90 f.).

Die folgenden Beispiele sollen zur Veranschaulichung dienen. Eine offene Frage zur Teamfähigkeit wäre: „Sind Sie erfolgreicher im Team oder allein?". Stattdessen sollte eine biografische Frage gestellt werden: „Schildern Sie eine berufliche Situation, in der Sie mit einem Team einen Erfolg erreicht haben. Was haben Sie in dieser Situation konkret beigetragen?"

Situative Fragen richten sich auf die Zukunft im Unternehmen. Dabei wird versucht herauszufinden, wie sich der Bewerber in bestimmten Situationen verhalten wird. Eine solche Frage in Bezug auf die Konfliktfähigkeit könnte sein: „Stellen Sie sich vor, Sie sind anderer Meinung als Ihr Vorgesetzter bezüglich eines Prozesses. Sie sind von der Richtigkeit Ihres Vorgehens überzeugt und müssen Ihren Vorgesetzten nun davon überzeugen. Wie würden Sie konkret vorgehen?"

Fachfragen zielen auf spezielles Wissen, das für den eingesetzten Fachbereich notwendig ist. Das können Knowhow-Fragen sein wie: „Welche Methode würden Sie einsetzen, um ...? Wie gehen Sie konkret vor?". Fachfragen sollten auf den Fachbereich zugeschnitten sein und allgemeine Fragen sollten vermieden werden.

Die Frageformulierungen sind zum einen wichtig, da die Fähigkeiten des Bewerbers möglichst konkret gemessen werden sollen. Zum anderen möchten Beobachter auch zu Antworten kommen, die der wahren Meinung bzw. dem wirklichen Verhalten des Bewerbers nahekommen. Bei den oben genannten Fragetypen ist der Befragte gezwungen, seine Antworten mit Erfahrungen, Kenntnissen, seinem Verhalten o. Ä. zu untermauern. Das steigert die Aussagekraft der Antworten und vermindert das Risiko auf Antwortverzerrungen durch soziale Erwünschtheit (vgl. Brosius, Haas & Koschel, 2016, S. 83 ff.).

Soziale Erwünschtheit meint das Phänomen, dass Bewerber so antworten, wie es von ihnen sozial erwartet wird bzw. was sie denken, wie es von ihnen erwartet wird. Darunter fallen die bewusste Fremdtäuschung und die unbewusste Selbsttäuschung. Bewusste Fremdtäuschung bedeutet, dass der Bewerber den besten Eindruck von sich erzeugen möchte und demnach positive Eigenschaften hervorhebt und negative reduziert. Unter unbewusster Selbsttäuschung wird verstanden, dass der Bewerber tatsächlich davon ausgeht, dass seine beschönigten Aussagen auf ihn zutreffen. Dabei werden der eigene soziale sowie intellektuelle Status besser eingeschätzt und es wird auf bestimmte Eigenschaften Anspruch genommen (z. B. Vorurteilsfreiheit), die nicht der Realität entsprechen (vgl. Mummendey, 1981, S. 199 ff., S. 210 ff.).

Zum strukturierten Interview gehört zudem das Prinzip der Mehrfachbeobachtung: Es werden mehrere Beobachter im Interview eingesetzt. Damit werden individuelle Urteilsverzerrungen einzelner Beobachter untereinander ausgeglichen. Zu diesem Prinzip zählt auch, dass jedes einzelne relevante Kriterium bzw. jede relevante Eigenschaft aus dem Anforderungsprofil durch mehrfache Fragen überprüft wird. Beispielsweise werden diverse Fragen gestellt, um die Teamfähigkeit des Bewerbers zu bewerten. Die Aussagekraft der Ergebnisse steigt zusätzlich, wenn alle drei Fragetypen (biografisch, situativ, fachbezogen) sinnvoll miteinander verknüpft werden (vgl. Hohlbaum & Olesch, 2008, S. 64; Jetter, 2008, S. 92 f.; Paschen et al., 2013, S. 22).

Der Bewerber selbst kann seine Fragen erst am Ende des Interviews stellen, um das Risiko der Hilfestellungen für den Bewerber durch den Personaler zu vermeiden (vgl. Jetter, 2008, S. 91 f.).

Die Auswertungen erfolgen durch ein einheitliches Bewertungssystem. Für jede einzelne Frage wird vorab eine Bewertungsskala entworfen. Anhand einer Wenn-dann-Regel wird vorher entschieden, welche Antwort wie viele Punkte bzw. welche Note ergibt. Zum Schluss können drei Mittelwerte errechnet werden aus den biografischen, situativen und Fachfragen. Alternativ kann auch ein Mittelwert für jedes Kriterium und jede Eigenschaft ermittelt werden. Beide Varianten schaffen eine Vergleichsbasis zwischen den Bewerbern und gestalten das gesamte Auswahlverfahren objektiver (vgl. ebd., S. 93 f.).

Wissenschaftliche Untersuchungen der vergangenen drei Jahrzehnte zeigen auf, dass der Zusammenhang mit dem Berufserfolg steigt, je strukturierter ein Interview ist (vgl. Obermann, 2017, S. 178). Beispielsweise ergibt die immer wieder neu verifizierte Metaanalyse von Huffcutt und Arthur (1994, S. 184 ff.): Die Aussagekraft bei unstrukturierten Interviews hat einen Zusammenhang zum Berufserfolg von 4 %. Bei hochstrukturierten Interviews sind es 32,5 %.

5.2 Wahrnehmungsverzerrungen und Beurteilungsfehler

Es wird ersichtlich, dass strukturierte Interviews weniger anfällig für Wahrnehmungsverzerrungen und Beurteilungsfehler sind. Jedoch ist es nicht möglich, diese komplett zu vermeiden. Immer wenn Entscheidungen getroffen werden, kann es auch zu Fehlentscheidungen kommen. Durch die Kommunikationsmodelle wurde deutlich: Störungen in der Kommunikation gehören mehr zur Regel als eine reibungslose Kommunikation. Durch Wahrnehmungstäuschungen können Störungen entstehen und umgekehrt.

Wahrnehmungstäuschungen meinen eine fehlerhafte Interpretation der wahrgenommenen Reize, die nicht der Realität entsprechen. Synonym kann auch der Begriff ‚Sinnestäuschung' verwendet werden. Durch die persönlichen Erlebnisse und Eindrücke, die durch menschliche Sinne aufgenommen werden, entstehen individuelle Bilder in der Vorstellung einer jeden Person. Dies erschwert eine objektive und kollektive Sichtweise auf verschiedene Sachverhalte, Situationen, Objekte, Personen und sonstige Lebensereignisse. Dazu zählt auch die Beurteilung von Bewerbern im Personalauswahlverfahren (vgl. Michel & Novak, 2001, S. 419 ff.).

Menschen nehmen ständig Informationsimpulse (Reize) aus der Umwelt auf (siehe Unterkapitel 3.2). Um den großen Informationsgehalt zu verarbeiten, trennt das Gehirn zwischen relevanten und irrelevanten Reizen. Relevante Informationen werden bewusst wahrgenommen und irrelevante Informationen werden ausgefiltert, wodurch eine subjektive individuelle Wahrnehmung entsteht. Dieses Phänomen wird als ‚selektive Wahrnehmung' bezeichnet (vgl. Gerrig, 2018, S. 184 ff.; Krech & Crutchfield, 1972, S. 2 f.). Welche Aspekte das Gehirn als relevant anerkennt, ist von verschiedenen Faktoren abhängig. Dazu zählen unter anderem:

Aufmerksamkeit, Erwartungen, Motivation, Erfahrungen, Wünsche, Bedürfnisse, Gefühle, aktuelle Situation, Laune, Umgebung, Erinnerungen, Erziehung, vermittelte Normen u. v. a. m.

Das Gehirn zeigt demnach jedem Menschen eine Welt, wie sie zu ihm und der aktuellen Lage passt. Dadurch ist eine Anfälligkeit für verzerrte und subjektive Wahrnehmung der objektiven Realität gegeben (vgl. Maderthaner, 2017, S. 101 ff.). Selektive Wahrnehmung macht sich alltäglich bemerkbar. Wer z. B. Hunger hat, nimmt den Geruch von Essen und Essmöglichkeiten (Imbiss, Restaurants etc.) stärker wahr, als wenn er gesättigt ist. Ein schlechtgelaunter Interviewer wird Bewerber eher negativ als positiv bewerten, da er negative Reize eher wahrnimmt als positive (vgl. ebd., S. 330 ff.). Durch optische Illusionen wie mehrdeutige Bilder lässt sich die visuelle selektive Wahrnehmung deutlicher erklären. Was wird im folgenden Bild der Abbildung 9 zuerst gesehen?

Abbildung 9: Optische Illusion: alte oder junge Frau oder alter oder junger Mann? (Mißfeldt, 2018)

Das menschliche Gehirn kann immer nur eine der folgenden Lösungen wahrnehmen (siehe Abbildung 10).

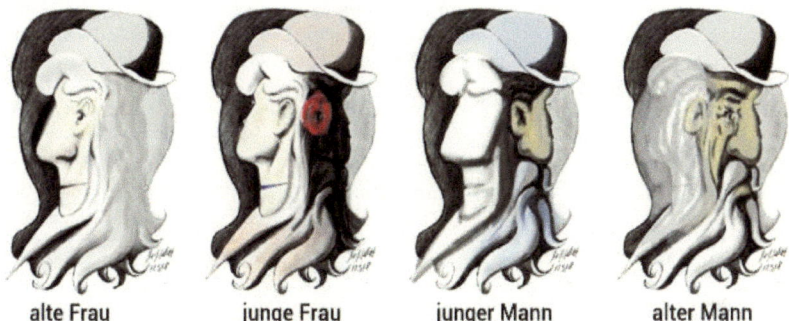

| alte Frau | junge Frau | junger Mann | alter Mann |

Abbildung 10: Lösungen: alte Frau; junge Frau; junger Mann; alter Mann (Mißfeldt, 2018)

Dieses Phänomen macht sich alltäglich durch alle Sinne bemerkbar. Zum Beispiel wird bei großen Menschenmassen ein undefinierbares Rauschen gehört, es kann sich aber auf bestimmte Menschen/Menschengruppen konzentriert werden, um Gesprochenes klarer zu verstehen.

Wer sich der selektiven Wahrnehmung bewusst ist und mögliche Wahrnehmungsfehler kennt, kann seine eigene Wahrnehmung kritisch hinterfragen und die Fehler korrigieren. Entscheidungen können genauer überdacht werden und die Auswahlverfahren bewegen sich mehr in Richtung Objektivität. Häufig auftretende Beurteilungsfehler durch eine verzerrte Wahrnehmung werden in der folgenden Tabelle erläutert (siehe Tabelle 1).

Bezeichnung	**Erklärung**	**Beispiel**
Primär-Effekt	Es wird in wenigen Sekunden eine Meinung über eine Person gebildet, die neu kennengelernt wurde. Ein erster Eindruck entsteht, wodurch weitere Interpretationen auf diesem beruhen. Das reale Gesamtbild des Gegenübers ist verzehrt, da weitere Eigenschaften ausgeblendet werden.	Durch die Körpersprache des Bewerbers erhält der Beobachter einen intelligenten ersten Eindruck. Das Gesamtbild des Bewerbers erscheint über das Interview hinweg intelligent und Eigenschaften, die dagegen deuten, werden ausgeblendet.
Halo-Effekt	Einzelne Merkmale einer Person werden so	Einem attraktiven Bewerber werden die

Bezeichnung	Erklärung	Beispiel
	wahrgenommen, dass es zu Rückschlüssen auf das Gesamtbild kommt. Es wird von Merkmal A auf Merkmal B geschlossen und andere Eigenschaften werden ‚überstrahlt'.	Eigenschaften Intelligenz und gute soziale Fähigkeiten zugeschrieben. Einem weniger attraktiven Bewerber werden schlechte soziale Eigenschaften zugeschrieben, dabei werden seine Fachkenntnisse kaum berücksichtigt.
Nikolaus-Effekt	Informationen, die kürzlich zurückliegen, erhalten eine stärkere Gewichtung als Informationen, die länger zurückliegen.	Ein interner Bewerber bewirbt sich für eine Vakanz. In den letzten zwei Wochen hat er sehr gute Leistungen erbracht, zuvor war er ein unterdurchschnittlicher Mitarbeiter. Bei der Auswertung werden die Leistungen der letzten zwei Wochen stärker berücksichtigt, als seine unterdurchschnittlichen Leistungen der vergangenen zwei Jahre.

Bezeichnung	Erklärung	Beispiel
Hierarchie-Effekt	Eine höhere berufliche oder soziale Position wirkt sich positiver auf die Beurteilung aus. Der Status einer Person überblendet die realen Leistungen.	Eine ehemalige Führungskraft und ein Mindestlohnarbeiter bewerben sich für dieselbe Stelle und weisen identische Qualifikationen vor. Die ehemalige Führungskraft wird tendenziell stärker positiv gewertet.
Recency-Effekt	Es werden Erwartungen aufgrund der bisherigen Einschätzungen aufgestellt, was unterbewusst zu Über- oder Unterschätzungen führt.	Ein Bewerber hat zehn Jahre im Verkauf gearbeitet. Der Beurteiler stellt die Hypothese auf, dass der Bewerber ein guter Verkäufer sein muss.
Tendenz zur Mitte/Milde/Strenge	Es werden unzutreffende Maßstäbe für die Bewertung angewendet. Aufgrund von unklaren Maßstäben wird öfters zur Mitte/Milde/Strenge tendiert.	Beurteiler A ist sich unsicher bei der Beurteilung eines Bewerbers und neigt zu mittleren Werten. Beurteiler B hat ein hohes Anspruchsniveau und neigt im Vergleich zu niedrigen Bewertungen. Beurteiler C wiederum hat ein niedriges Anspruchsniveau und neigt zu hohen Bewertungen.
Projektions-Effekt	Ähnlichkeiten zu einer Person führen zu einer positiveren oder negativeren Bewertung. Eigenschaften, die eine Person an sich selbst mag, werden positiver gewertet. Eigenschaften, die eine Person an sich selbst ablehnt, führen zu einer negativen Bewertung. Der Beurteiler projiziert sich selbst auf den Bewerber.	Kandidat A hat dieselben Hobbys wie Beobachter A. Beobachter A wertet den Kandidaten A besser aus und tendiert zu höheren Werten.

Bezeichnung	Erklärung	Beispiel
Benjamin-Effekt	Jüngeren und unerfahrenen Personen wird weniger zugetraut. Es entsteht eine Tendenz zur Strenge. Umgekehrt gilt dies für ältere Personen oder Personen mit mehr Berufserfahrung.	Bewerber A ist 20 Jahre und hat bisher keine Berufserfahrung. Bewerber B ist 40 Jahre und besitzt 10 Jahre Berufserfahrung. Aufgrund des Alters und mangelnder Berufserfahrung neigt Beurteiler A zu einer strengeren Bewertung bei Bewerber A. Bewerber B wird tendenziell besser gewertet, da er qualifizierter wahrgenommen wird.
Kontrast-Effekt	Es wird ein Vergleich zwischen Vor- und Nachgängern aufgestellt, wobei relevante Kriterien in den Hintergrund gestellt werden, da eine Eigenschaft besonders stark wahrgenommen wurde.	Ein zurückhaltender Bewerber wird negativer gewertet, weil sein Vorgänger redegewandter wirkte. Relevante Kompetenzen für die Stelle werden kaum berücksichtigt oder strenger gewertet.
Stereotypen	Es entstehen Vorurteile gegenüber anderen sozialen Gruppen. Schubladendenken, das sich unbewusst im Gehirn manifestiert, führt zu einer negativen Grundeinstellung.	Bewerber A kommt aus einer wohlhabenden Familie und wird bereits vor dem Interview unsympathisch von Beobachter A wahrgenommen. Im Auswahlverfahren führt dies zu einer tendenziell schlechteren Auswertung.

Tabelle 1: Beurteilungsfehler
(Eigene Darstellung, angelehnt an Albert, 2007, S. 112; Becker, 2010, S. 106 f.; Jost, 2008, S. 248 f.; Maderthaner, 2017, S. 331; Myers, 2005, S. 637 ff.)

Diese Beurteilungsfehler entstehen durch Annahmen, die im Laufe des Lebens jede Person geprägt haben. Durch ständige Kommunikation verarbeitet das Gehirn viele Informationen unbewusst, um der Komplexität des Lebens entgegenzuwirken. Auf Basis dieser Erfahrungen werden Entscheidungen getroffen. Dabei kann es dazu kommen, dass sich das Gehirn selbst manipuliert und die Wahrnehmung verzerrt (vgl. Roth, 2002, S. 44 ff.).

5.3 Einfluss von Sympathie

Ob Sympathie oder Antipathie entsteht, ist auch abhängig von der (selektiven) Wahrnehmung. Unbewusst wird entschieden, ob ein Mensch gemocht wird oder nicht. In der Personalauswahl kann Sympathie dazu führen, dass positive Merkmale des Bewerbers stärker gewichtet werden. Das gilt umgekehrt für Antipathie (vgl. Mentzel et al., 2010, S. 188 f.).

Sympathie oder Antipathie sind demnach kein Beurteilungsfehler selbst, können aber die anderen Wahrnehmungstäuschungen verstärken. Oft wird auch das sogenannte ‚Bauchgefühl' genutzt, um einen Bewerber einzustellen oder abzulehnen. Es wird die These aufgestellt, dass ein Bewerber, der Sympathie beim Beurteiler weckt, auch Sympathie bei anderen Menschen erzeugen kann. Dabei ist das Empfinden von Sympathie subjektiv und entsteht bei jeder Person auf individuelle Weise. Dies ist eine der Haupt-Fehlerquellen in Interviews (vgl. Lorenz & Rohrschneider, 2009, S. 10 ff.). Sympathie und Antipathie werden immer einen Einfluss in der Personalauswahl haben, sollten aber nicht die anderen Anforderungskriterien überlagern. Wie es zu Sympathie kommt oder wie das Denken, Fühlen und Handeln jedes Menschen bestimmt wird, erklärt Hüther (2014) anhand von ‚inneren Bildern'.

5.4 Die Macht der inneren Bilder nach Gerald Hüther

Hüther (2014) befasste sich in seinem Buch „Die Macht der inneren Bilder" mit der Hirnentwicklung aller Lebewesen (Zellen, Menschen, Tieren usw.). In dieser Arbeit wird ausschließlich auf den Menschen eingegangen.

Was ist mit inneren Bildern gemeint? Innere Bilder sind subjektive Vorstellungen und Überzeugungen, die jeder Mensch hat. Sie bestimmen das Denken, Fühlen und Handeln (vgl. Hüther, 2014, S. 10 ff.). Sie machen jeden Menschen individuell. Innere Bilder sind durch Kommunikation an andere Personen übertragbar. So entstehen kollektive Bilder oder Weltbilder. Wenn z. B. mehrere Menschen dieselben Vorstellungen haben und sich vereinen, entstehen Gemeinschaften, Kulturen, Unternehmen. Die subjektiven, individuellen Vorstellungen, Erfahrungen usw. eines Menschen können somit vermischt, ergänzt und erweitert werden (vgl. ebd., S.36ff.).

Wie entstehen innere Bilder? Sie entstehen durch Vererbung (Gene) und Erfahrungen. Zu Letzterem zählen unter anderem Tradition und Erziehung (vgl. ebd., S. 22f, S. 39 ff., S. 43 ff., S. 58 ff.). Durch die Wahrnehmung (siehe Abschnitt 3.3) sammeln

Menschen ebenfalls ständig neue Erfahrungen mit ihren Sinnen und formen somit Erregungsmuster. Im Verlauf des Lebens werden dementsprechend fortlaufend innere Bilder generiert (vgl. ebd., S. 43).

Folgender Prozess findet bei der Entwicklung neuer innerer Bilder statt: Es wird ein neues Erregungsmuster, ein Sinnesreiz (Signal), wahrgenommen. Zum Beispiel wird ein Hund gesehen, der für den Betrachter wie ein Hund der Rasse Husky aussieht. Dieses neue Erregungsmuster wird mit einem alten Erregungsmuster, also einem bereits angelegten inneren Bild, überlagert und verglichen. Etwa könnte das alte Erregungsmuster das Aussehen des eigenen Hundes sein, der der Hunderasse Husky angehört. Dieser Vergleich lässt ein inneres Bild entstehen: Der Betrachter hat folgendes inneres ‚Sehbild': Der Hund, den er momentan sieht, ist ein Husky. Somit ist jedes innere Bild subjektiv und individuell. Es ist demnach aber nicht zwingend wahr bzw. real (vgl. ebd., S. 22 ff., S. 73 ff.). Da die beiden Erregungsmuster aus dem Beispiel identisch sind, gibt es keinen Unterschied zwischen dem alten und neuen inneren Bild. Es besteht allerdings auch die Möglichkeit, Wahrnehmungen zu neuen, bisher nicht vorhandenen, inneren Bildern zu formen.

Bereits angelegte innere Bilder können verändert werden. Wie genau dieser Prozess verläuft, ist noch nicht endgültig geklärt (vgl. ebd., S. 76). Menschen können aber immer neue Aspekte dazulernen, was zu neuen bzw. veränderten inneren Bildern führt. Das Gehirn wird im Laufe des Lebens ständig erweitert und überformt, solange der Mensch imstande ist, sich auf neue Wahrnehmungen einzulassen. Hüther erwähnt, dass bei Kindern und Jugendlichen diese Offenheit besonders groß ist. Um das Gehirn lebenslang weiterzubilden, ist es hilfreich, diese Offenheit auch im Erwachsensein zu bewahren (vgl. ebd., S. 77 ff., S. 115 ff.).

Innere Bilder werden vor der Geburt im Mutterleib geformt. Dadurch verfügt jedes Kind zum Zeitpunkt der Geburt über innere Bilder, die im Unterbewusstsein bleiben. Dazu gehören die Organfunktionen, Stoffwechselprozesse u. v. a. m. (vgl. ebd., S. 26 ff.).

Ein inneres Bild gelangt erst in das Bewusstsein, wenn das Gehirn es in der Situation auch als ‚wichtig' erachtet. Somit ist der Großteil der inneren Bilder im Unterbewusstsein. Je stärker ein Erregungsmuster sich im Gehirn ausbreiten kann, desto eher gelangt es in das Bewusstsein. Ein Sinneseindruck, der unerwartet, einschneidend oder neuartig ist, gilt als ‚mächtiges', also sehr starkes, Erregungsmuster. Hüther nennt als Beispiel den ersten Kuss oder einen Griff auf die heiße Herdplatte. Diese Bilder bleiben langfristig und nachhaltig im Gedächtnis (vgl. ebd., S. 23 f.).

Welche Wirkung haben innere Bilder? Wie bereits erwähnt, bestimmen innere Bilder das Denken, Fühlen und Handeln aller Lebewesen. Somit beeinflussen sie auch die Wahrnehmung und Entscheidungen von Menschen (vgl. ebd., S. 80 ff.). In einem Personalauswahlverfahren sind es die kollektiven inneren Bilder des Unternehmens, der Führungskraft oder der Abteilung, die bestimmen, wie der gesamte Prozess abläuft. Jede Entscheidung wird aufgrund von inneren Bildern getroffen. Ob Sympathie entsteht oder nicht, gehört unter anderem genauso dazu, wie die Entscheidung bei der Punktevergabe der Auswertung eines Bewerbers. Dies bedeutet demnach, dass eine komplette Übereinstimmigkeit im Unternehmen über einen Bewerber herrschen kann, sie aber subjektiv nach den kollektiven inneren Bildern des Unternehmens gerichtet ist (vgl. ebd., S. 80 ff.).

Was heißt das für die Personalauswahl? Beobachter müssen sich bewusst machen, welche Wirkungen innere Bilder haben. Ein hochstrukturiertes Interview ist bei der Erstellung, Durchführung und Auswertung immer auch subjektiv. Es werden immer Wahrnehmungsverzerrungen, Beurteilungsfehler, Antwortverzerrungen, Störungen in der Kommunikation, Sympathie etc. eine gewisse Rolle bei der Bewerberwahl spielen, die von den inneren Bildern bestimmt werden. Nur durch ständige Weiterentwicklung und stetiges Dazulernen können diese Prozesse verbessert und die genannten Umstände reduziert werden. Denn die inneren Bilder sind formbar und somit auch verformbar (vgl. ebd., S. 123 ff.). Durch Selbstreflexion kann dieses Ziel erreicht werden. Das Reflektieren von sich selbst als einzelne Person und auch das kollektive Reflektieren im Unternehmen und der Personalabteilung sollte zum Alltag gemacht werden. Folgende Hauptfragen können jedes Mal, wenn eine Entscheidung getroffen wird, bei der Erstellung, Durchführung und Auswertung eines Interviews helfen:

- Was denke ich? Was denken wir?
- Was fühle ich? Was fühlen wir?
- Wie handle ich? Wie handeln wir?
- Was hat mich beeinflusst? Was hat uns beeinflusst?
- Warum wurde genau diese Entscheidung getroffen?

Dabei sollten die inneren Bilder, mögliche Wahrnehmungsverzerrungen, mögliche Störungen in der Kommunikation usw. in das Bewusstsein gerufen werden. Auch in alltäglichen Situationen kann die Selbstreflexion bei der Entscheidungswahl helfen.

Die Selbstreflexion dient somit der stetigen Verbesserung der Mitarbeiter und des Personalauswahlverfahrens. Es muss ein Bewusstsein für innere Bilder und ihre Subjektivität geschaffen werden. Dazu können auch bestimmte Weiterbildungsmaßnahmen sinnvoll sein. Lehrgänge, in denen psychologische Hintergründe erläutert werden, können beim Umgang mit den eigenen Gefühlen und Emotionen sowie dem Unterbewusstsein helfen (vgl. Becker, 2010, S. 106).

Eine ständige Weiterentwicklung des Gehirns, durch Offenheit für Neues, bildet die Basis für erfolgreiche Ergebnisse bei der Personalauswahl und auch in anderen Bereichen.

5.5 Zwischenfazit

Das Interview ist das am häufigsten verwendete Auswahlinstrument weltweit. Ein oder mehrere Beobachter kommunizieren mit einem Bewerber und anhand dieser Kommunikation wird der Bewerber ausgewertet. Jedoch ist Kommunikation immer subjektiv und somit sind Wahrnehmungstäuschungen gegeben.

Zudem werden Wahrnehmungsverzerrungen zusätzlich durch Sympathie und Antipathie verstärkt. Wie dieser Prozess funktioniert, erläutert Gerald Hüther mit dem Ausdruck der inneren Bilder. Vorstellungen und Überzeugungen entwickelt das menschliche Gehirn zum Teil schon vor der Geburt. Im Laufe des Lebens entstehen neue Bilder und vorhandene Bilder können sich verändern. Sie bestimmen subjektiv das Handeln, Denken und Fühlen eines jeden Menschen. Jeder Mensch und auch jede Organisation sieht demnach eine andere Welt. Für die Personalauswahl bedeutet dies, dass ein objektives Bild von einem Bewerber nicht geschaffen werden kann. Es gibt allerdings Ansätze, um den Personalauswahlprozess, insbesondere im Interview, zu verbessern. Zuerst muss ein Bewusstsein dafür erzeugt werden, dass jeder Mensch seine eigenen inneren Bilder hat und davon jede Entscheidung beeinflusst wird. Selektive Wahrnehmung, Sympathie und Antipathie sowie Störungen in der Kommunikation führen zu Beurteilungsfehlern. Die Ursache für diese Fehler müssen jedem Beobachter bekannt sein, damit ihnen entgegengewirkt werden kann. Um dies zu erreichen, können auch psychologische Lehrgänge angeboten werden.

Denn erst wenn ein Bewusstsein für all diese Thematiken geschaffen ist, kann die Personalauswahl durch Selbstreflexion verbessert werden.

Mit Selbstreflexion als Grundlage ist es zudem sinnvoll, ein strukturiertes Interview anzuwenden. Dazu gehören ein standardisierter Leitfaden, der nach den Kriterien eines guten Anforderungsprofils erstellt wird. Der Leitfaden sollte biografische, situative sowie fachliche Fragen verwenden. Das Prinzip der Mehrfachbeobachtung und ein einheitliches Bewertungssystem vervollständigen das strukturierte Interview.

METHODISCHES VORGEHEN

6 Quantitative vs. qualitative Forschung

Zur Bewertung von Personalauswahlverfahren werden häufig die technischen Gütekriterien der quantitativen Forschung angewendet. Dazu zählen Objektivität, Reliabilität und Validität (vgl. Apeloig, 2010, S. 19).

Das Kriterium der Objektivität ist dann erfüllt, wenn die Ergebnisse des Auswahlverfahrens unabhängig von der durchführenden oder bewertenden Person stets gleich durchgeführt, ausgewertet und interpretiert werden (vgl. Albert, 2007, S. 88; Hohlbaum & Olesch, 2008, S. 59). Je niedriger die Objektivität eines Auswahlverfahrens ist, umso schwerer ist es für Bewerber, die Entscheidung nachzuvollziehen (vgl. Weuster, 2004, S. 14).

Reliabilität, oder auch Zuverlässigkeit, beschreibt die Genauigkeit eines Messverfahrens. Das Verfahren sollte frei von Zufallseinflüssen und Subjektivität sein, dass es bei einer identischen Wiederholung zu gleichen oder annähernd gleichen Ergebnissen kommt. Das Gütekriterium der Objektivität ist eine Voraussetzung für die Reliabilität (vgl. Albert, 2007, S. 88; Hohlbaum & Olesch, 2008, S. 59). Ein Personalauswahlverfahren ist dann reliabel, wenn es genaue Unterscheidungsmerkmale zwischen den Bewerbern aufzeigt, um zwischen geeigneten und weniger geeigneten Bewerbern zu differenzieren. Dabei sollten die Bewerber an der Grundgesamtheit gemessen werden. Damit soll vermieden werden, dass z. B. bei einer Gruppe von geprüften Bewerbern der Beste als geeignet eingestuft wird, obwohl er, gemessen an der Grundgesamtheit, wenig geeignet ist (vgl. Weuster, 2004, S. 15).

Unter Validität, oder auch Gültigkeit, wird die Aus- und Vorhersagekraft eines Verfahrens verstanden. Sie gibt an, wie gut die eigentliche Fragestellung beantwortet wird. Ein Vorstellungsgespräch ist dann valide, wenn es die Eignung für den vorgesehenen Beruf wahrhaftig misst. Das Kriterium der Reliabilität ist eine Voraussetzung für die Validität (vgl. Albert, 2007, S. 87; Hohlbaum & Olesch, 2008, S. 59).

Aus den technischen Gütekriterien wird ersichtlich, dass eine quantitative Untersuchung objektiv sein muss. Das ist die Grundvoraussetzung für die anderen Gütekriterien. Es ist allerdings unmöglich, Objektivität in einem Interview zu erreichen, weshalb auch eine quantitative Untersuchung nicht realisierbar ist. Aus diesem Grund werden Kriterien der qualitativen Forschung verwendet. Bei qualitativer Forschung stellen sich zwei zentrale Fragen (vgl. Corrieri, 2019):

1. Warum sollte diese Methode durchgeführt werden?
2. Wie sollte diese Methode durchgeführt werden?

Es stellen sich demnach folgende Fragen, um die Fragestellung dieser Arbeit zu beantworten.

Warum sollten Beobachter in einem Personalauswahlverfahren zu neuen Vorgehensweisen in Hinblick auf das Interview greifen?

Aus dieser Frage leitet sich das Kriterium ‚Nutzung' ab. Nutzung bedeutet, dass etwas für die Erreichung eines Ziels geeignet ist; etwas einen Vorteil, Erfolg, Nutzen bringt (Duden, o.D.c).

Die zweite Frage lautet: Wie muss ein Interview gestaltet sein, damit es einen Erfolg für die Personalauswahl mit sich bringt? Aus dieser Frage leitet sich das Kriterium ‚gangbare Lösung' ab.

7 Expertenbefragung

Um diese Fragen zu beantworten, wurde, zusätzlich zum theoretisch erarbeiteten Wissen dieser Arbeit, als qualitative Forschungsmethode das Experteninterview ausgewählt. Die Experteninterviews fanden vor dem Erstellen dieser Arbeit statt.

Das Ziel hierbei ist, einen Vergleich zwischen praktischen und theoretischen Erkenntnissen aufzustellen. Die daraus resultierenden Erkenntnisse werden zur Beantwortung der Fragen genutzt. Aus einem Theorie-Praxis-Vergleich wird zum Abschluss eine Handlungsempfehlung abgeleitet.

7.1 Entwicklung des Leitfadens

Der Fragebogen (siehe Anhang I) für die Expertenbefragung wurde anhand eines Kategoriensystems erstellt, angelehnt an die qualitative Inhaltsanalyse nach Mayring (2003, S. 14 f., S. 42 ff.). Aus der Fragestellung und dem vorab entwickelten Exposé dieser Arbeit wurde der Fragebogen in vier Kategorien unterteilt. Zu jeder Kategorie wurden Leitfragen entwickelt, die zur Beantwortung der Fragestellung beitragen (vgl. Mayring, 2003, S. 45 ff.). Es wurde sich größtenteils auf Wie-Fragen konzentriert. Die Idee dahinter war, eine Handlung zu erfragen und möglichst viel Spielraum für den Antwortenden zu lassen. Zudem wurden die Fragen so formuliert, dass keine bevorzugten Antworten daraus hervorgehen. Die Kategorien dienen dem Zweck, die Antworten systematisch analysieren und auswerten zu können.

7.2 Vorgehensweise bei der Datenerhebung

Die Experten für das Interview wurden über das Internet recherchiert. Es wurden Personen telefonisch, persönlich oder per E-Mail kontaktiert, die in einem Unternehmen für die Personalbeschaffung zuständig sind und eine leitende Position in dieser Abteilung beanspruchen. Es kam zu insgesamt drei Zusagen. Allerdings konnten aus unvorhergesehenen Gründen seitens eines Interviewpartners nur zwei Expertenbefragungen stattfinden.

Interviewpartner A ist eine leitende Personalmitarbeiterin einer Sprachschule, die deutschlandweit Filialen eröffnet hat. Sie ist zuständig für die Personalbeschaffung, inkl. Personalauswahl, aller Standorte. Das Treffen fand am 27.11.2018 um 13:00 Uhr statt.

Interviewpartner B ist ein Projektmanager aus der Personaldienstleistungsbranche. Das Unternehmen ist ebenfalls deutschlandweit expandiert. Er ist der leitende

Mitarbeiter von zwei Zweigen (Standorten) und ist zuständig für die Personalbeschaffung in Form von Arbeitnehmerüberlassung und Werkverträgen. Das Treffen fand am 30.11.2018 um 9:00 Uhr statt.

Vorab wurde an beide Interviewpartner der Expertenfragebogen per E-Mail zugesendet. Fragen hierzu wurden vor dem Gespräch geklärt. Zudem wurde eine Einverständniserklärung (siehe Anhang II) erstellt und zugesendet. Diese wurde vor den Gesprächen vom jeweiligen Interviewnehmer ausgefüllt und unterzeichnet.

7.3 Durchführung der Befragungen

Die Befragungen wurden, nach Einwilligung beider Interviewpartner zur Aufzeichnung der Interviews, auf einem Smartphone mithilfe einer Aufnahme-App aufgenommen. Während der Gespräche wurden die Fragen vorgelesen. Kommentare seitens Interviewgeber zu den Antworten oder sonstige Unterbrechungen bzw. Abweichungen gab es nicht. Für diese Arbeit wurden nur die Aussagen von Beginn bis Ende der Aufnahme verwendet. Gespräche, die nach oder vor den Interviews entstanden, waren nicht von Relevanz für diese Arbeit. Es wurden auch keine Änderungen an den Aussagen vorgenommen. Die gesprochenen Aufzeichnungen wurden verschriftlicht (Transkription), damit diese zum Auswerten genutzt werden konnten (vgl. Mayring, 2003, S. 47 ff.). Die Transkription wurde vereinfacht. Es wurde wörtlich transkribiert, nicht lautsprachlich. Satzabbrüche, Stottern und Wortdopplungen wurden ausgelassen (siehe Anhang III und Anhang IV).

PRAXISTEIL

8 Ergebnisdarstellung

8.1 Analyse und Auswertung der Expertenbefragungen

Die Vorgehensweise (siehe Abbildung 11) der Datenanalyse ist ebenfalls angelehnt an die qualitative Inhaltsanalyse nach Mayring (2003, S. 53, S. 58 f.).

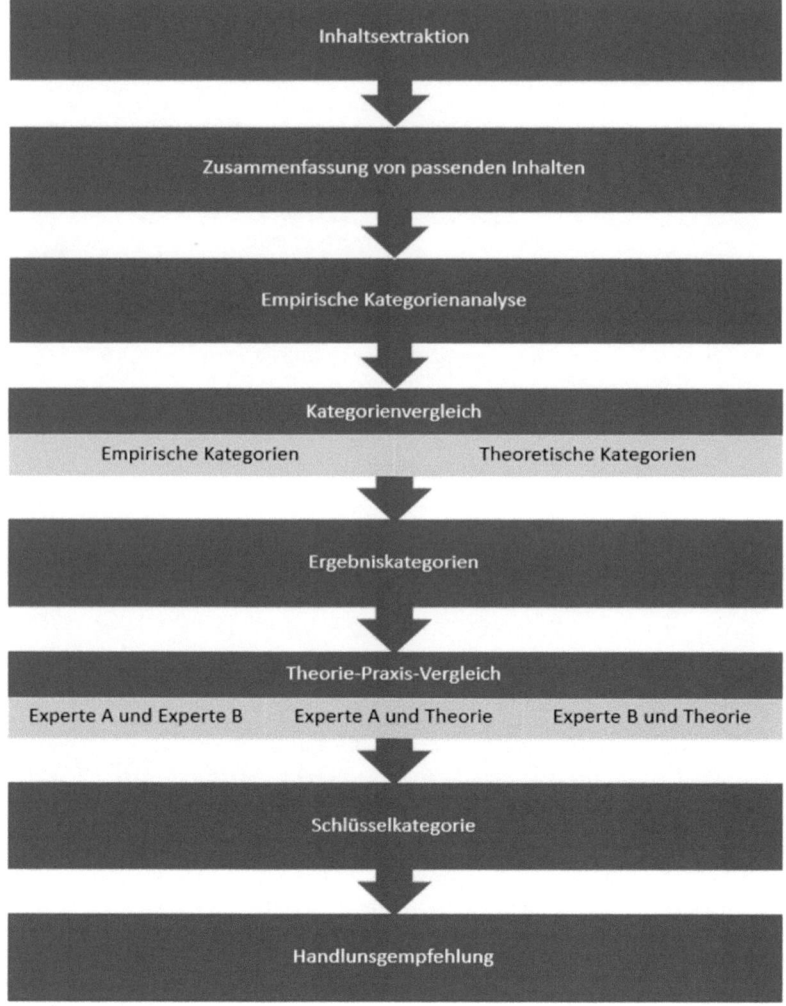

Abbildung 11: Ergebnisprozesse
(Eigene Darstellung, angelehnt an: Mayring, 2003, S. 60)

Im ersten Schritt wurden alle relevanten Textstellen aus den Transkriptionen extrahiert (Inhaltsextraktion). Daraus wurden passende Inhalte zusammengefasst. Im nächsten Schritt wurde eine empirische Kategorienanalyse durchgeführt (siehe Anhang V und Anhang VI). Die empirischen Kategorien repräsentieren den jeweiligen Inhalt, der zuvor extrahiert und zusammengefasst wurde.

Darauf wurde ein Kategorienvergleich zwischen den theoretischen und den empirischen Kategorien durchgeführt (vgl. Mayring, 2003, S. 56 ff.). Folgende Ergebniskategorien sind daraus entstanden:

1. Personalauswahl (Theorie & Empirie)
2. Sympathie (Empirie)
3. Wahrnehmung (Theorie)
4. Urteilsbildung (Theorie & Empirie)
5. Selbstreflexion (Empirie)

Im nächsten Schritt wurde ein Theorie-Praxis-Vergleich anhand der Ergebniskategorien durchgeführt (vgl. ebd., S. 58 ff.).

Zuerst wurde ein Vergleich zwischen den Interviewpartnern vorgenommen. Danach wurde jeweils Interviewpartner A und Interviewpartner B mit der Theorie verglichen. Im letzten Schritt wurde eine Schlüsselkategorie aus dem Theorie-Praxis-Vergleich abgeleitet, die den Kerngedanken für die Handlungsempfehlung bildet.

8.2 Praxis-Theorie-Vergleich

Vergleich zwischen Experte A und Experte B

1. Kategorie: Personalauswahl

Beide Experten ermitteln zuerst ihren Personalbedarf. Experte A leitet die Qualifikationen aus den zu erledigenden Aufgaben und aus einem Leitfaden ab. Experte B hat für jede Stelle eine Arbeitsbeschreibung, worin die erforderlichen Kriterien aufzufinden sind.

Experte A sieht das Vorstellungsgespräch als wichtigsten Prozess im Auswahlverfahren und setzt es zum Schluss des Auswahlverfahrens ein. Experte B hingegen schreibt der Probearbeit den höchsten Stellenwert zu und setzt diese am Ende des Auswahlverfahrens ein. Vorstellungsgespräche stehen an zweiter Stelle und werden vor der Probearbeit angewendet.

Experte A nutzt ein unstrukturiertes Interview. Es werden offene Fragen zum Werdegang der Bewerber gestellt. Experte B verwendet ein unstrukturiertes bis teilstrukturiertes Interview. Er stellt ebenfalls offene Fragen zum Werdegang und zudem Fragen zum Fachwissen der Bewerber und prüft Kenntnisse anhand von Probearbeit.

Im Unternehmen des Experten A gibt es einen Leitfaden bezüglich der nötigen Verhaltensweise und Kleidung für Personalmitarbeiter. Im Unternehmen des Experten B gibt es regelmäßige Schulungen bezüglich des Vorstellungsgespräches und es werden Mitarbeitergespräche in Bezug auf die Probearbeit geführt.

2. Kategorie: Sympathie

Beide Experten lassen Sympathie im Vorstellungsgespräch entstehen. Experte A lässt Sympathie bewusst in die Einstellentscheidung einfließen. Bei Antipathie wird der Unternehmenserfolg stärker berücksichtigt und es wird eine Entscheidung aufgrund des Nutzens für das Unternehmen getroffen. Experte B versucht, Sympathie zu nutzen, um eine eventuell vorhandene Nervosität des Bewerbers abzulegen. Für die Einstellentscheidung wird versucht, nur nach beruflichen Fakten zu gehen.

Gemeinsamkeiten, freies und offenes Sprechen sowie Ehrlichkeit werden als Anreiz für Sympathie von beiden Experten gesehen.

Beide Experten befürworten einen beidseitigen respektvollen (wertschätzenden) Umgang zwischen Bewerber und Beobachter. Anstand und Interesse gehören dazu. Unhöflichkeiten sollten vermieden werden.

3. Kategorie: Wahrnehmung

Beide Experten legen großen Wert auf Authentizität (Glaubwürdigkeit; der Wahrheit entsprechend) der Bewerber.

Experte A entscheidet, ob ein Bewerber authentisch ist, aufgrund der eigenen Erfahrungen und der Körpersprache des Gegenübers (Händedruck, Erscheinungsbild, Blickkontakt, Haltung, Mimik und Gestik). Es wird zwischen Darstellern und Vorstellern unterschieden. Dabei zählen Blender zu den Darstellern und authentische Personen zu den Vorstellern. Erstere werden schlecht gewertet. Selbstbewusste Bewerber (aufrechte Haltung und Blickkontakt) werden positiver gewertet als Personen, die ‚eingeschüchtert' wahrgenommen werden.

Experte B achtet ebenfalls auf die Körpersprache (Blickkontakt, Haltung). Es wird versucht herauszufinden, ob authentisches Interesse an der Stelle besteht oder nicht. Wenn fehlendes Interesse wahrgenommen wird, fließt dies negativ in die Einstellentscheidung ein. Selbstbewusste und nervöse Bewerber werden gleichermaßen bewertet.

Antwortverzerrungen vonseiten der Bewerber sind beiden Experten bewusst. Experte A nimmt diese oft wahr, Experte B hingegen weniger. Nicht authentische Bewerber werden an ihrem Verhalten erkannt und beide Expertenmeinungen weisen Ähnlichkeiten auf. Experte A beschreibt es als „übertriebene Art" und „Bewerber, die meistens von einem Coaching kommen". Experte B beschreibt es folgendermaßen: „Bewerber, die das Gespräch geübt haben und stumpf etwas erzählen. Es scheint, als hätten sie einen Spickzettel im Kopf und sagen, was sie auswendig gelernt haben." Zudem wird die Authentizität durch den Experten B anhand von Fachfragen im Interview und anhand von Probearbeit geprüft.

4. Kategorie: Urteilsbildung

Die Beurteilung der Bewerber beginnt beim Experten A bereits in der Vorauswahl. Anhand von Bewerbungsunterlagen wird entschieden, wer zum Vorstellungsgespräch eingeladen wird und wer nicht. Experte B hat sich zur Vorauswahl nicht geäußert.

Im Vorstellungsgespräch werden Bewerber bewusst anhand subjektiver Wahrnehmung vom Experten A beurteilt. Ein zweites Vorstellungsgespräch wird von anderen Personalmitarbeitern geführt, damit Erkenntnisse miteinander verglichen werden können und ein gemeinsamer Entschluss gefällt wird. Experte B urteilt anhand von Fachantworten über die Kenntnisse und das Fachwissen des Bewerbers und mithilfe von Antworten zum Berufswerdegang über die erforderlichen Erfahrungen. Anhand von Probearbeit werden diese Qualifikationen weiter überprüft und gemessen, um mögliche Fehleinschätzungen aus dem Interview zu vermeiden.

Eigene Emotionen werden von beiden Experten versucht zu unterdrücken. Experte A achtet zudem auf Emotionen der Bewerber und bezieht diese positiv oder negativ in die Beurteilung mit ein. Experte B versucht, möglichst nur nach festgelegten Kriterien (Fakten) zu urteilen.

Beide Experten machen sich während des Interviews Notizen und greifen diese bei der Auswertung auf. Experte A beschreibt es als subjektive Beurteilung und lässt das ‚Bauchgefühl' bewusst mit in die Entscheidung einfließen. Zur Entscheidung tragen die Beurteilungen von zwei weiteren Beobachtern bei. Experte B berät sich vor der Entscheidung mit anderen Mitarbeitern. Dazu zählt ein Mitarbeiter, der nicht am Gespräch teilgenommen hat, und ein Mitarbeiter, der den Bewerber während der Probearbeit begleitet.

5. Kategorie: Selbstreflexion

Experte A ist sich der subjektiven Wahrnehmung bewusst und erwähnt mehrmals, dass es keine Garantie für die richtige Einstellentscheidung gibt. Es wird wiederholt erwähnt, dass Fehler und subjektive Einschätzungen während eines Interviews entstehen und es nicht möglich ist, diese vollständig zu vermeiden. Eine gute Vorauswahl und ein Vorstellungsgespräch können das Risiko einer Fehlbesetzung allerdings minimieren. Die Personalauswahl wird als ein Versuch dargelegt. Auch Probearbeit wird erwähnt und mit einem hohen Risiko bezüglich der richtigen Besetzung verbunden.

Experte B ist sich Fehleinschätzungen im Interview ebenfalls bewusst, es wird aber im Vergleich zum Experten A nicht oft darauf eingegangen. Durch Probearbeit werden mögliche Fehleinschätzungen, laut Experten B, erkannt, wodurch es seltener zu Fehleinstellungen kommt.

Der Einfluss auf die Einstellentscheidung durch das Verhalten des Bewerbers im Interview ist beiden Experten bewusst.

Der Einfluss von Sympathie wird vom Experten A bewusst in die Entscheidung aufgenommen, Experte B hingegen versucht, Sympathie nicht in die Entscheidung einfließen zu lassen.

Weiterbildungen werden im Unternehmen des Experten A nicht durchgeführt. Im Unternehmen des Experten B werden regelmäßig Weiterbildungen durchgeführt und Neuerungen zum Thema Vorstellungsgespräch angesprochen.

Bei der Einstellentscheidung setzen sich beide Experten mit anderen Mitarbeitern des Unternehmens zusammen. Es wird eine gemeinsame Entscheidung getroffen.

Experte B führt zusätzlich Mitarbeitergespräche mit Mitarbeitern, die die Bewerber an Probetagen begleiten.

Vergleich zwischen Experte A und Theorie

1. Kategorie: Personalauswahl

Interviewpartner A ermittelt, wie auch in den theoretischen Erkenntnissen, zuerst den Personalbedarf (vgl. 2.3). Ebenfalls identisch mit den theoretischen Erkenntnissen ist die Ableitung der Kriterien aus den tatsächlich zu erledigenden Aufgaben für die Stelle und eine Unterscheidung zwischen Muss- und Kann-Kriterien. Aus den theoretischen Erkenntnissen ist zudem hervorgegangen, dass jedes Kriterium konkret und detailliert beschrieben werden sollte (vgl. 2.2), worauf im Interview mit Experten A nicht eingegangen wurde.

Experte A verwendet ein unstrukturiertes Interview mit offenen Fragen. Die Theorie besagt, dass strukturierte Interviews geeigneter sind, um bessere Ergebnisse bei der Arbeit zu erzielen (vgl. 5.1).

Weiterbildungen werden im Unternehmen des Experten A nicht genutzt. Die theoretischen Erkenntnisse ergaben, dass psychologische Weiterbildungen sinnvoll für die Verbesserung der Personalauswahl sind (vgl. 5.4).

2. Kategorie: Sympathie

Experte A lässt Sympathie bewusst in die Einstellentscheidung einfließen und ist sich einer subjektiven Einstellentscheidung bewusst. Erst wenn Antipathie entsteht, wird vermehrt auf den Nutzen des Bewerbers für das Unternehmen geachtet. Aus der Theorie wird ersichtlich, dass Sympathie und Antipathie zu subjektiven Entscheidungen führen und es nicht möglich ist, diese abzustellen (vgl. 5.3). Sich ein Bewusstsein dafür zu schaffen und das eigene Verhalten sowie die eigenen Gefühle zu reflektieren, hilft bei der Vermeidung von Wahrnehmungsverzerrungen und Beurteilungsfehlern (vgl. 5.4). Entscheidungen sollten nicht bewusst aufgrund von Sympathie oder Antipathie getroffen werden, sondern die Kriterien sollten aus dem Anforderungsprofil mit einer vorab entworfenen Bewertungsskala ausgewertet und mithilfe eines strukturierten Interviews gemessen werden (vgl. 5.1).

Ein wertschätzender Umgang wird vom Experten A zwischen Bewerbern und Beobachtern als Muss beschrieben. Die theoretischen Erkenntnisse haben ergeben, dass wertschätzende Kommunikation eine Voraussetzung ist, um Störungen in einer Interaktion zu minimieren. Ohne eine beidseitige Wertschätzung (Respekt) sind Störungen in der Kommunikation und somit auch Wahrnehmungsverzerrungen, Beurteilungsfehler, Einfluss von Antipathie und Antwortverzerrungen vermehrt gegeben (vgl. 4.5, 5.2).

Experte A erfährt Sympathie, wenn bestimmte Vorstellungen mit der Person des Bewerbers übereinstimmen. Es wird auch erwähnt, dass der Bewerber und das Unternehmen zusammenpassen müssen. Die theoretischen Erkenntnisse haben gezeigt, dass die eigenen Vorstellungen und Überzeugungen (innere Bilder) bestimmen, ob Sympathie oder Antipathie entsteht. Gemeinschaften (dazu zählen auch Unternehmen) werden aufgrund von identischen inneren Bildern bzw. aufgrund von Bildern, die zusammenpassen, gegründet (vgl. 5.4).

3. Kategorie: Wahrnehmung

Experte A fokussiert seine Wahrnehmung auf die Authentizität (Glaubwürdigkeit; Wahrhaftigkeit) des Bewerbers. Anhand der Körpersprache und eigenen Erfahrungen sollte diese überprüft werden. Experte A ist sich bewusst, dass ein großes Risiko zur Fehlinterpretation/Fehleinschätzung besteht und es nicht möglich ist, eine objektive Entscheidung zu treffen. Die theoretischen Erkenntnisse haben ergeben, dass Wahrnehmungstäuschungen in einem Interview zu verschiedenen Beurteilungsfehlern führen und immer vorkommen. Sie sind von Situation zu Situation und von Menschen zu Menschen unterschiedlich, individuell und subjektiv. Eine Vermeidung dieser ist nicht möglich, jedoch ist es möglich, diese durch das Lernen der möglichen Wahrnehmungsfehler und eine Selbstreflexion zu minimieren (vgl. 5.2).

Experte A hat angegeben, dass es oft zu (bewussten, absichtlichen) Antwortverzerrungen kommt. Diese weisen auf die Authentizität des Bewerbers hin und werden schlecht gewertet. Es wird versucht, sie am Verhalten des Bewerbers zu erkennen. Die Theorie hat ergeben, dass Antwortverzerrungen durch soziale Erwünschtheit bewusst (Fremdtäuschung) und unbewusst (Selbsttäuschung) auftreten. Durch biografische, situative und fachliche Fragen in einem strukturierten Interview kann das Risiko solcher Antwortverzerrungen gemindert werden (vgl. 5.1). Zudem haben die theoretischen Erkenntnisse gezeigt, dass die Wahrnehmung selektiv und subjektiv ist. Eine Minimierung der Antwortverzerrungen durch die eigene Wahrnehmung ist somit nicht bis geringfügig gegeben (vgl. 3.2, 5.2).

4. Kategorie: Urteilsbildung

Experte A beurteilt Bewerber zum ersten Mal in der Vorauswahl, nachdem die Bewerbungsunterlagen eingegangen sind. Bewerber werden nach Muss-Kriterien aussortiert. Weiterhin werden mithilfe der Bewerbungsunterlagen die besten Bewerber ausgewählt und zu einem Vorstellungsgespräch eingeladen. Die theoretischen Erkenntnisse haben hierzu ergeben, dass in der Vorauswahl eine erste Überprüfung der Anforderungskriterien mithilfe eines Testverfahrens und der Überprüfung des Lebenslaufes am geeignetsten ist. Zudem wird ein anonymisiertes Bewerbungsverfahren empfohlen (vgl. 2.3).

Ferner wird ein zweites Interview im Unternehmen des Experten A mit zwei weiteren Beobachtern durchgeführt, um zu einem gemeinsamen Ergebnis zu gelangen. In der Theorie wird das Prinzip der Mehrfachbeobachtung in einem strukturierten Interview empfohlen. Zu diesem Prinzip zählen unter anderem mehrere

Beobachter, um Urteilsverzerrungen einzelner Beobachter untereinander auszugleichen. Außerdem zählt zu diesem Prinzip, dass jedes Kriterium durch mehrfache Fragen überprüft wird (vgl. 5.1).

Bei der Urteilsbildung versucht Experte A, seine Emotionen nicht zu berücksichtigen. Es wird eine mögliche Neutralität dem Bewerber gegenüber angestrebt. Experte A ist sich bewusst, dass dies nicht komplett möglich ist. Emotionen des Bewerbers fließen als Kriterium in die Entscheidung mit ein. Die Theorie hat gezeigt, dass es Makroausdrücke gibt. Diese beinhalten die Körpersprache, die vom durchschnittlichen Menschen wahrgenommen wird, und werden aus den Emotionen des Gegenübers abgeleitet. Diese Makroausdrücke sind bewusst manipulierbar und können somit zu bewussten Antwortverzerrungen führen. Die Theorie empfiehlt, Verhaltensweisen der Bewerber konkret mit situativen Fragen zu messen (vgl. 3.2, 5.1).

Weiterhin fließt beim Experten A das ‚Bauchgefühl' in die Einstellentscheidung mit ein. Allerdings ist sich Experte A der subjektiven Beurteilung bewusst. Theoretische Erkenntnisse haben gezeigt, dass Gefühle nicht abstellbar sind und subjektiv durch innere Bilder bestimmt werden. Zur Minimierung der Wahrnehmungstäuschungen durch eigene Gefühle werden Selbstreflexion und eine vorab entwickelte Bewertungsskala empfohlen (vgl. 5.1, 5.2, 5.3, 5.4).

5. Kategorie: Selbstreflexion

Aus dem Interview mit Experten A wird ersichtlich, dass ein Bewusstsein für die subjektive Personalauswahl vorhanden ist und das eigene Verhalten ständig reflektiert wird. Mögliche Vorurteile, Fehleinschätzungen, Sympathie etc. werden offen angesprochen. Es wird erwähnt, dass eine gute Personalauswahl das Risiko für eine Fehlbesetzung mindern, aber niemals ein objektives und sicheres Ergebnis erzielt werden kann. Weiterbildungen zur Verbesserung der Interviews werden nicht durchgeführt.

Die theoretischen Erkenntnisse haben gezeigt, dass Selbstreflexion der Grundbaustein für eine Verbesserung der Personalauswahl ist. Ein Bewusstsein für die möglichen Fehler und die inneren Bilder muss dafür geschaffen werden. Psychologische Lehrgänge, die diese Hintergründe erörtern, helfen bei der Selbstreflexion jedes Mitarbeiters und der kollektiven Selbstreflexion des Unternehmens sowie der Personalabteilung (vgl. 5.4).

Vergleich zwischen Experte B und Theorie

1. Kategorie: Personalauswahlverfahren

Experte B ermittelt im ersten Schritt den Personalbedarf. Die Theorie kommt zu identischen Erkenntnissen (vgl. 2.3). Im Unternehmen des Experten B ist eine Arbeitsbeschreibung vorhanden, die alle Kriterien für jede Stelle beschreibt. Die Theorie kam zum Entschluss, dass ein Anforderungsprofil aus den tatsächlich zu erledigenden Aufgaben erstellt werden sollte. Jedes Kriterium muss konkret und detailliert beschrieben werden. Zudem ist eine Unterscheidung zwischen Kann- und Muss-Kriterien sinnvoll (vgl. 2.2).

Experte B verwendet ein unstrukturiertes bis teilstrukturiertes Interview mit Fokus auf dem Fachwissen und den erforderlichen Erfahrungen des Bewerbers. Die Theorie besagt, dass strukturierte Interviews geeigneter sind, um bessere Ergebnisse bei der Arbeit zu erzielen. In einem Interview sind biografische Fragen (bezogen auf die Erfahrungen), situative Fragen (bezogen auf Verhaltensweisen) und fachliche Fragen (bezogen auf Fachwissen) am ehesten geeignet, um erforderliche Kriterien zu messen (vgl. 5.1).

Zusätzlich zum Interview verwendet Experte B Probearbeit, die einen höheren Stellenwert erlangt als das Interview. Die Theorie hat dazu keine Erkenntnisse, da dies nicht im Themengebiet der Arbeit liegt.

Schulungen in Bezug auf das Führen von Interviews und Neuigkeiten zu diesem Thema werden regelmäßig in der Unternehmensgruppe des Experten B geführt. Die Theorie kam zu der Erkenntnis, dass Schulungen (Lehrgänge) sinnvoll sind, um die Personalarbeit zu verbessern. Konkret sollen dabei psychologische Hintergründe erklärt werden, damit ein Bewusstsein für mögliche Fehler in der Personalauswahl geschaffen wird (vgl. 5.4).

Experte B führt zudem Mitarbeitergespräche mit Mitarbeitern, die Bewerber bei ihrer Probearbeit begleiten. Eine gemeinsame (kollektive) Reflexion wird in der Theorie empfohlen, was anhand von Mitarbeitergesprächen geschehen kann (vgl. 5.4).

2. Kategorie: Sympathie

Sympathie wird vom Experten B bewusst im Interview zugelassen, um eine gemeinsame Ebene der Kommunikation zwischen beiden Gesprächspartnern zu finden. Für die Einstellentscheidung wird versucht, nur nach berufsrelevanten Kriterien zu entscheiden. Die Theorie hat gezeigt, dass es nicht möglich ist, Sympathie und Antipathie abzustellen. Eine Minimierung von Verzerrungen durch Sympathie kann durch das bewusste Wahrnehmen von Sympathie durch innere Bilder und Selbstreflexion erzielt werden (vgl. 5.3, 5.4). Berufsrelevante Kriterien aus dem Anforderungsprofil sollten nach einer vorab entwickelten Bewertungsskala entschieden und ausgewertet werden (vgl. 5.1).

Wertschätzende Kommunikation wird als selbstverständlich vom Experten B beschrieben. Dabei wird großer Wert auf das Interesse des Bewerbers, an der Vakanz und am Interview, gelegt. Die theoretischen Erkenntnisse haben ergeben, dass wertschätzende Kommunikation eine Voraussetzung ist, um Störungen in einer Interaktion zu minimieren. Ohne eine beidseitige Wertschätzung sind Störungen in der Kommunikation und somit auch Wahrnehmungsverzerrungen, Beurteilungsfehler, Einfluss von Antipathie und Antwortverzerrungen vermehrt gegeben (vgl. 4.5, 5.2).

3. Kategorie: Wahrnehmung

Experte B fokussiert seine Wahrnehmung auf die wahren Absichten des Bewerbers, also seine Authentizität. Dabei steht das Interesse des Bewerbers im Vordergrund. Verhaltensweisen, die auf Nervosität oder Selbstbewusstsein deuten, werden zwar wahrgenommen, aber es wird versucht, bewusst nicht die Einstellentscheidung dadurch beeinflussen zu lassen. Ein tatsächlich fehlendes Interesse an der Vakanz und dem Interview fließt negativ auf die Einstellentscheidung ein. Aus dem Interview ging hervor, dass Blickkontakt positiv für das Kriterium Interesse gewertet wird. Die theoretischen Erkenntnisse haben gezeigt, dass Wahrnehmungsverzerrungen minimiert werden können, indem sie sich bewusst gemacht werden und die eigene Wahrnehmung reflektiert wird (vgl. 5.2, 5.4).

Experte B hat angegeben, dass es selten zu Antwortverzerrungen kommt. Anhand von fachlichen Fragen zum Beruf werden Antwortverzerrungen minimiert. Zusätzlich wird eine Probearbeit durchgeführt, die die Authentizität der Antworten im Interview bestätigen soll. Die theoretischen Erkenntnisse haben ergeben, dass Antwortverzerrungen durch soziale Erwünschtheit vorkommen. Sie können durch biografische, situative und fachliche Fragen in einem strukturierten Interview minimiert werden (vgl. 5.1).

4. Kategorie: Urteilsbildung

Experte B urteilt anhand von Antworten zu Fachfragen über das Fachwissen und Fachkenntnisse des Bewerbers und mithilfe von Antworten zum Berufswerdegang über die erforderlichen Erfahrungen. Emotionen des Beobachters und Sympathie fließen dabei möglichst nicht in die Einstellentscheidung mit ein. Es wird versucht, möglichst nur nach Kriterien zu urteilen, die für den Berufserfolg nötig sind. Nach dem Interview wird ein gemeinsames Gespräch mit einem Mitarbeiter geführt, der nicht im Interview anwesend war. Um mögliche Fehleinschätzungen im Interview zu reduzieren, muss der Bewerber zudem eine Probearbeit durchlaufen. Der Betreuer während der Probearbeit ist ein anderer Mitarbeiter als Experte B. Nach der Probearbeit tauschen sich Experte B und der Betreuer aus. Die Theorie hat hierzu ergeben, dass ein strukturiertes Interview hilft, die Subjektivität im Auswahlverfahren zu reduzieren. Dies beinhaltet unter anderem die drei Fragetypen (situativ, biografisch, fachlich), das Mehrfachbeobachterprinzip und ein einheitliches Bewertungssystem. Zudem muss ein Bewusstsein für innere Bilder und mögliche Fehler im Auswahlverfahren geschaffen werden. Gefühle (auch Sympathie/Antipathie) lassen sich nicht abstellen und haben immer einen Einfluss auf Entscheidungen im Auswahlverfahren. Durch Selbstreflexion sollten das eigene und gemeinsame Handeln, Denken und Fühlen immer hinterfragt werden, um mögliche Fehler zu reduzieren. Selbstreflexion sollte nicht nur mit der eigenen Person, sondern auch kollektiv stattfinden (vgl. 3.2, 5.1, 5.2, 5.3, 5.4).

5. Kategorie: Selbstreflexion

Experte B ist sich bewusst, dass Fehleinschätzungen in einem Interview geschehen und Sympathie zum Bewerber entstehen kann. Bei der Einstellentscheidung wird sich, während Emotionen (z. B. Sympathie) zum Bewerber reflektiert werden, nach dem Nutzen für das Unternehmen (Unternehmenserfolg) gerichtet. Weitere Fehleinschätzungen werden versucht zu reduzieren, indem Probearbeit durchgeführt wird. Zusätzlich finden zudem regelmäßige Schulungen zum Thema Personal-Recruiting und Mitarbeitergespräche statt. Das Interview und die Probearbeit werden darüber hinaus im Team besprochen, um zu einem gemeinsamen Entschluss zu gelangen. Die theoretischen Erkenntnisse haben ergeben, dass Selbstreflexion der Grundbaustein für ein Erfolg bringendes Personalauswahlverfahren ist. Ein Bewusstsein für die möglichen Fehler muss dafür geschaffen werden. Lehrgänge, die diese psychologischen Hintergründe ergründen, helfen bei der Selbstreflexion jedes Mitarbeiters und der kollektiven Selbstreflexion des Unternehmens sowie der Personalabteilung (vgl. 5.4).

8.3 Schlüsselkategorie: Selbstreflexion

Warum sollten Beobachter in einem Personalauswahlverfahren zu neuen Vorgehensweisen in Hinblick auf das Interview greifen? Mit Beantwortung dieser Frage soll das Kriterium der Nutzung erfüllt werden. Im Verlauf dieser Arbeit wurde aufgezeigt, dass es bei jeder Entscheidung auch zu einer Fehlentscheidung kommen kann. Auch aus den empirischen Ergebnissen ging hervor, dass Fehleinschätzungen in einem Interview erfolgen. In der Problemstellung dieser Arbeit wurde aufgezeigt, dass eine Fehlbesetzung durch eine mangelhafte Personalauswahl zu vielen Nachteilen in einem Unternehmen führen kann. Neue Vorgehensweisen im Personalauswahlprozess können zu einer erfolgreichen Bewerberauswahl führen. Ein Unternehmen zieht mehrere Vorteile daraus: Es werden Kosten und Zeit eingespart, die Produktivität wird gesteigert und Image-Schaden kann verhindert werden. Eine gangbare Lösung ergibt sich aus dem Theorie-Praxis-Vergleich dieser Arbeit.

Der Vergleich zwischen den empirischen und theoretischen Daten hat gezeigt, dass es unterschiedliche Erfolg bringende Vorgehensweisen zur Durchführung eines Personalauswahlverfahrens gibt. Eine Methode, die als Hauptgedanke wiederholt sowohl in den theoretischen als auch in den empirischen Daten vorkommt, ist die Selbstreflexion. Diese wird in verschiedenen Formen vom Experten A und B genutzt, um Entscheidungen zu treffen. Die theoretischen Erkenntnisse ergaben, dass jede Entscheidung im Personalauswahlprozess durch Selbstreflexion hinterfragt werden sollte. Aus diesem Grund wird Selbstreflexion als Schlüsselkategorie aus den Ergebniskategorien definiert und als Kerngedanke für die nachfolgende Handlungsempfehlung genutzt.

8.4 Handlungsempfehlung

Abschließend lässt sich feststellen, dass eine Personalauswahl niemals fehlerfrei verlaufen kann. Menschen kommunizieren ständig miteinander und beeinflussen sich gegenseitig. Es können keine völlig objektiven Entscheidungen getroffen werden, da das Denken, Fühlen und Handeln individuell und subjektiv durch innere Bilder bei jedem Menschen bestimmt werden. Es ist aber möglich, sich von der Subjektivität zu entfernen und somit die Ergebnisse bei der Arbeit zu verbessern.

Wie bereits mehrmals im Verlauf dieser Arbeit erwähnt wurde, ist Selbstreflexion der Kerngedanke, um dieses Ziel zu erreichen (siehe Abbildung 12).

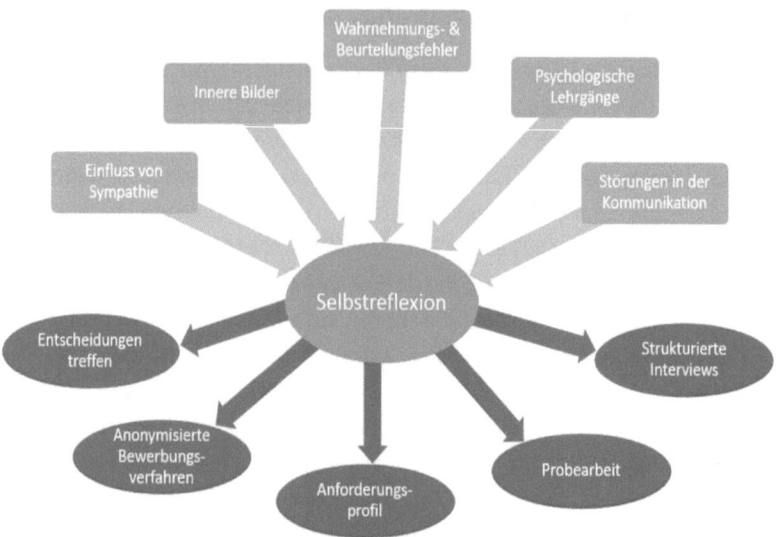

Abbildung 12: Visuelle Darstellung der Handlungsempfehlung
(eigene Darstellung)

Selbstreflexion sollte von jedem Mitarbeiter, aber auch gemeinsam in der Personalabteilung und ggf. im ganzen Unternehmen, stattfinden. Jede wichtige Entscheidung im Personalauswahlprozess sollte hinterfragt werden.

Um eine bessere Selbstreflexion durchzuführen, sollten zuerst mögliche Fehler in das Bewusstsein gerufen werden. Wahrnehmungsverzerrungen und Beurteilungsfehler, der Einfluss von Sympathie und Störungen in der Kommunikation gehören unter anderem dazu. Mithilfe dieser Arbeit können ein besseres Verständnis und Bewusstsein dafür geschaffen werden. Auch sollten ein Verständnis sowie Bewusstsein dafür geschaffen werden, wie innere Bilder die Gefühle, Gedanken und das Handeln eines jeden Menschen bestimmen. Denn auf den inneren Bildern beruht jedes Verhalten (Kommunikation).

Ebenfalls können Lehrgänge, die psychologische Hintergründe verdeutlichen und das Thema Personalauswahl thematisieren, ein besseres Bewusstsein für die möglichen Fehler und den Entscheidungsprozess schaffen sowie neue Lösungsmöglichkeiten für einen erfolgreichen Auswahlprozess bieten.

Weiterhin wird die Verwendung von strukturierten Interviews empfohlen. Auch bei der Erstellung, Durchführung und Auswertung eines hochstrukturierten Interviews sollte jede Entscheidung hinterfragt werden. Denn auch beim Erstellen können Fehler durch subjektive Entscheidungen entstehen. Das strukturierte Interview sollte auf einem Anforderungsprofil basieren, das möglichst konkret und detailliert die erforderlichen Kriterien beschreibt. Eine Zusammenarbeit mit anderen Fachabteilungen kann helfen, konkrete und detaillierte Eigenschaften, Kenntnisse sowie Verhaltensweisen für eine Vakanz zu erstellen.

Wenn die Einstellentscheidung nach dem Interview positiv auffällt, erweist sich Probearbeit als sinnvoll, um mögliche Fehleinschätzungen aus dem Interview durch praktische Arbeit zu minimieren.

Ein anonymisiertes Bewerbungsverfahren erhöht die Chancengleichheit und reduziert die Subjektivität in der Vorauswahl. Ferner kann das Testverfahren verwendet werden, um Kandidaten anhand von Muss-Kriterien, bezogen auf die Fachkenntnisse, auszusortieren.

Ein wertschätzender Umgang mit jeder Person sollte stetig eingehalten werden, damit möglichst wenige Störungen in der Kommunikation entstehen. Dazu gehört auch ein wertschätzender Umgang mit sich selbst. Denn Selbstreflexion ist bewusste Kommunikation mit der eigenen Person und bewusste Kommunikation in einer Gemeinschaft.

9 Fazit und Ausblick

Eine wesentliche Erkenntnis dieser Arbeit ist, dass Kommunikation immer geschieht und Menschen dadurch auch immer beeinflusst werden. Es wurde aufgezeigt, dass jeder Mensch demnach eine andere Realität durchlebt. Diese Subjektivität erschwert es, Menschen messbar und auswertbar zu machen. Dieses Ziel wird aber in der Personalauswahl verfolgt, was zu der Forschungsfrage dieser Arbeit führte:

Wie können Beobachter mit Kommunikation in einem Interview der Personalauswahl umgehen, um zu einer angemessenen erfolgreichen Bewertung der Bewerber zu gelangen, ohne dass Wahrnehmungsverzerrungen das Ergebnis zu stark manipulieren?

Viele Ansätze, die diese Forschungsfrage beantworten, sind in der Handlungsempfehlung zu finden. Die Grundlage dafür bildet die Selbstreflexion. Denn nur durch das kritische Hinterfragen der eigenen Gedanken, Gefühle und des Handelns können mögliche Fehler beim Treffen einer Entscheidung vermieden werden. Dafür muss aber erst ein Bewusstsein für die möglichen Fehler geschaffen werden. Dies sollte mit der eigenen Person, aber auch in einer Gemeinschaft, also der gesamten Personalabteilung, geschehen. Das Interview kann somit zu einem geeigneten Auswahlinstrument der Personalauswahl werden und Erfolg für ein Unternehmen bringen.

Die Forschungsfrage dieser Arbeit führt zu einer Antwort, die nicht auf konkreten Fakten beruht. Dementsprechend ist die Handlungsempfehlung eine subjektive Zusammenstellung von Empfehlungen, die durch die Ergebnisse aus dem Vergleich zwischen den theoretischen und empirischen Erkenntnissen erlangt wurden. Eine erfolgreiche Umsetzung in der Realität ist nicht garantiert.

Der Fragebogen aus dem praktischen Teil dieser Arbeit wurde vor dem Anfertigen des theoretischen Teils entwickelt. Dies geschah aus zeitlichen Gründen und wäre innerhalb des Bearbeitungszeitraumes nicht möglich gewesen. Es wäre jedoch qualitativ besser gewesen, den Fragebogen nach dem Anfertigen des Theorieteiles zu entwickeln. Somit hätten bessere Fragen formuliert und evtl. mehrere Erkenntnisse gewonnen werden können.

Im praktischen Teil wurden zwei Stichproben erhoben. Im Zusammenhang mit der Forschungsfrage und der ausgewählten qualitativen Forschungsmethode, ist die Größe der Stichproben repräsentativ. Das Ziel dieser Arbeit war, eine Vorgehensweise für Personalmitarbeiter zu erforschen, die zu besseren Ergebnissen im

Personalauswahlverfahren führt. Dies ist gelungen, da die Handlungsempfehlung von jedem Personalmitarbeiter in jedem Unternehmen angewendet werden kann. Eine größere Anzahl an Stichproben hätte bessere Ergebnisse erzielen können, was aus zeitlichen Gründen nicht umsetzbar war.

Aus dieser Arbeit ergibt sich nicht, welche fachlichen und sozialen Kriterien ein Mitarbeiter erfüllen muss, um die Handlungsempfehlung dieser Arbeit durchzusetzen. Die Zeit und Kosten zur Umsetzung sind ebenfalls nicht untersucht worden. Diese Unklarheiten bieten einen ersten Anreiz für zukünftige Forschungsprojekte.

Weiterhin ist in der Expertenbefragung mit Interviewpartner A die Problematik angesprochen worden, dass Bewerber zwar geeignet für einen Beruf sind, aber unvorhergesehene Umstände die Arbeitsleistung senken und somit auch die Berufseignung zunichtemachen. Diese Problematik könnte z. B. in Hinblick auf die Arbeitsmotivation, und wie Unternehmen diese langfristig aufrechterhalten können, untersucht werden.

Die Ergebnisse dieser Arbeit bieten eine Handlungsempfehlung für Personalmitarbeiter und Unternehmen. Wie Bewerber mit Kommunikation im Bewerbungsprozess umgehen können, bleibt weiterhin offen und bietet einen weiteren Anreiz für zukünftige Forschungsarbeit.

Literaturverzeichnis

Achouri, C. (2007). Recruiting und Placement: Methoden und Instrumente der Personalauswahl und -platzierung. Wiesbaden, Deutschland: Gabler & GWV Fachverlage.

Albert, G. (2007). Betriebliche Personalwirtschaft (8. Aufl.). Ludwigshafen, Deutschland: Friedrich Kiehl Verlag GmbH.

Apelojg, B. (2010). Emotionen in der Personalauswahl: Wie der Umgang mit den eigenen Gefühlen Entscheidungen beeinflusst. München und Mering, Deutschland: Rainer Hampp Verlag.

Argyle, M. (2013). Körpersprache & Kommunikation: Nonverbaler Ausdruck und soziale Interaktion (10. Aufl.). Paderborn, Deutschland: Junfermann Verlag.

Becker, M. (2010). Personalwirtschaft: Lehrbuch für Studium und Praxis. Stuttgart, Deutschland: Schäffer-Poeschel Verlag.

Bierwirth, D., & Nagengast, B. (2005, 19. September). Der falsche Mann wird teuer. Abgerufen 1. April, 2019, von https://www.faz.net/aktuell/wirtschaft/karrieresprung-der-falsche-mann-wird-teuer-1258626.html

Bröckermann, R. (2007). Personalwirtschaft (4. Aufl.). Stuttgart, Deutschland: Schäffer-Poeschel Verlag.

Brosius, H.-B., Haas, A., & Koschel, F. (2016). Methoden der empirischen Kommunikationsforschung: Eine Einführung (7. Aufl.) Wiesbaden, Deutschland: Springer Fachmedien, VS Verlag für Sozialwissenschaften.

Corporate Coaching Institute. (2013, 23. Juni). Anforderungsprofil nach DIN 33430. Abgerufen 1. April, 2019, von https://www.cc-institut.de/fuer-unternehmen/personal-auswahlverfahren/anforderungsprofil-nach-din-33430/

Corrieri, L. (2019, 21. Januar). Qualitative Forschung und quantitative Forschung. Abgerufen 1. April, 2019, von https://www.scribbr.de/methodik/qualitative-forschung-quantitative-forschung/

Duden. (o. D.a). Axiom. Abgerufen 1. April, 2019, von https://www.duden.de/rechtschreibung/Axiom

Duden. (o. D.b). Interaktion. Abgerufen 1. April, 2019, von https://www.duden.de/rechtschreibung/Interaktion

Duden. (o. D.c). Nutzen. Abgerufen 1. April, 2019, von https://www.duden.de/rechtschreibung/nutzen#b2-Bedeutung-2a

Ekman, P. (2010). Gefühle lesen: Wie Sie Emotionen erkennen und richtig interpretieren (2. Aufl.). Berlin und Heidelberg, Deutschland: Springer-Verlag.

Emrich, C. (2008). Multi-Channel-Communications und Marketing Management. Wiesbaden, Deutschland: Verlag Dr. Th. Gabler & GWV Fachverlage.

Gazzaniga, M., Heatherton, T., & Halpern, D. (2017). Psychologie. Weinheim und Basel: Programm PVU Psychologie Verlags Union.

Geoffroy, E., & Geoffroy, B. (2017). Die neue Macht der Mitarbeiter. Offenbach, Deutschland: Gabal Verlag.

Gerrig, R. J. (2018). Psychologie (21. Aufl.). Hallbergmoos, Deutschland: Pearson Deutschland.

Hockling, S. (2012, 9. November). Ohne fiese Absagen interne Bewerber finden. Abgerufen 1. April, 2019, von https://www.zeit.de/karriere/beruf/2012-11/chefsache-interne-bewerbungen

Hohlbaum, A., & Olesch, G. (2008). Human Resources – Modernes Personalwesen. Rinteln, Deutschland: Merkur Verlag.

Horn, G. A. (2018). Modell – Definition. Abgerufen 1. April, 2019, von https://wirtschaftslexikon.gabler.de/definition/modell-39245

Huffcut, A. I., & Arthur, W. (1994). Hunter und Hunter (1984) Revisited: Interview validity for entry level jobs. Journal of Applied Psychology, 79, 2, 184-190.

Hüther, G. (2014). Die Macht der inneren Bilder: Wie Visionen das Gehirn, den Menschen und die Welt verändern (9. Aufl.). Göttingen, Deutschland: Vandenhoeck & Ruprecht.

Jetter, W. (2008). Effiziente Personalauswahl: Durch strukturierte Einstellungsgespräche die richtigen Mitarbeiter finden (3. Aufl.). Stuttgart, Deutschland: Schäffer Poeschel Verlag.

Jost, P.-J. (2008). Organisation und Motivation: Eine ökonomisch-psychologische Einführung (2. Aufl.). Wiesbaden, Deutschland: Gabler & GWV Fachverlage.

Jung, H. (2012). Personalwirtschaft (9. Aufl.). München, Deutschland: Oldenbourg Verlag.

Kaas, L. (2010). Ethnic Discrimination in Germany's Labour Market: A Field Experiment. Bonn, Deutschland: IZA.

Kanning, U. P. (2015). Personalauswahl zwischen Anspruch und Wirklichkeit: Eine wirtschaftspsychologische Analyse. Heidelberg, Deutschland: Springer Verlag.

Khabyuk, O. (2019). Kommunikationsmodelle: Grundlagen – Anwendungsfelder – Grenzen. Stuttgart, Deutschland: Verlag W. Kohlhammer.

Kontio, C. (2016, 13. Juni). Die Auswahl: Warum werden so viele Stellen falsch besetzt? Abgerufen 1. April, 2019, von https://www.wiwo.de/die-auswahl-warum-werden-so-viele-stellen-falsch-besetzt/13721640.html

Krech, D., & Crutchfield, R. S. (1972). Grundlagen der Psychologie 1 (6. Aufl.). Weinheim, Deutschland: Beltz Verlag.

Lorenz, M., & Rohrschneider, U. (2009). Erfolgreiche Personalauswahl: Sicher, schnell und durchdacht. Wiesbaden, Deutschland: Gabler & GWV Fachverlage.

Maderthaner, R. (2017). Psychologie (2. Aufl.). Wien, Österreich: Facultas.

Mayring, P. (2003). Qualitative Inhaltsanalyse: Grundlagen und Techniken (8. Aufl.). Weinheim, Basel: Beltz Verlag.

Mentale Intuition. (2018). Unbewusste Wahrnehmung. Abgerufen 1. April, 2019, von https://mentale-intuition.de/die-intuition/erklaerungsmodelle/unbewusste-wahrnehmung/

Mentzel, W., Grotzfeld, S., & Haub, C. (2010). Mitarbeitergespräche (9. Aufl.). Freiburg: Haufe-Lexware.

Michel, C., & Novak, F. (2001). Kleines Psychologisches Wörterbuch. Freiburg im Breisgau: Verlag Herder.

Mißfeldt, M. (2018). Optische Täuschung: Alte oder junge Frau oder alter oder junger Mann? Abgerufen 1. April, 2019, von https://www.sehtestbilder.de/optische-taeuschungen-illusionen/optische-taeuschung-alte-junge-frau-alter-junger-mann.php

Mummendey, H. D. (1981). Methoden und Probleme der Kontrolle sozialer Erwünschtheit (Social Desirability). Zeitschrift für Differentielle und Diagnostische Psychologie, 2, 199-218.

Myers, D. G. (2005). Psychologie. Heidelberg, Deutschland: Springer Verlag.

Obermann, C. (2017). Assessment Center: Entwicklung, Durchführung, Trends (6. Aufl.). Wiesbaden, Deutschland: Springer-Verlag.

Olfert, K. (2006). Organisation (14. Aufl.). Leipzig, Deutschland: Friedrich Kiehl Verlag.

Paschen, M., Beenen, A., Turck, D., & Stöwe, C. (2013). Assessment Center professionell: Worauf es ankommt und wie Sie vorgehen (3. Aufl.). Göttingen: Hogrefe Verlag.

Roth, G. (2002). 90 Prozent sind unbewusst. Psychologie Heute, 2, 44-49.

Ruch, F. L., & Zimbardo, P. G. (1974). Lehrbuch der Psychologie. Eine Einführung für Studenten der Psychologie, Medizin und Pädagogik. Berlin und Heidelberg, Deutschland: Springer-Verlag.

Schulz von Thun Institut. (o. D.). Das Kommunikationsquadrat. Abgerufen 1. April, 2019, von https://www.schulz-von-thun.de/die-modelle/das-kommunikationsquadrat

Schulz von Thun, F. (2011). Miteinander Reden: 1. Störungen und Klärungen: Allgemeine Psychologie der Kommunikation (49. Aufl.). Reinbek bei Hamburg, Deutschland: Rowohlt Taschenbuch Verlag.

Shannon, C E., & Weaver, W. (1976). Mathematische Grundlagen der Informationstheorie. München, Deutschland: Oldenbourg Verlag.

Sollmann, U. (2016). Einführung in Körpersprache und nonverbale Kommunikation (2. Aufl.). Heidelberg, Deutschland: Carl-Auser-Systeme Verlag und Verlagsbuchhandlung.

STOP. (30.01.2014). Abgerufen 1. April, 2019, von https://openclipart.org/detail/190463/stop

Swan, W. S. (1996). Den richtigen Mitarbeiter finden: Das erfolgreiche Einstellungsgespräch (2. Aufl.). Zürich, Schweiz: Orell Füssli Verlag.

Technische Universität Dresden. (2018, 9. November). Teilstrukturiertes Interview. Abgerufen 1. April, 2019, von http://versuch.file2.wcms.tu-dresden.de/w/index.php/Teilstrukturiertes_Interview

Warkentin, N. (2018, 1. Mai). Anonyme Bewerbung: Pro & Contra. Abgerufen 1. April, 2019, von https://karrierebibel.de/anonyme-bewerbung/

Watzlawick, P., Beavin, J H., & Jackson, D. D. (2016). Menschliche Kommunikation: Formen, Störungen, Paradoxien (13. Aufl.). Bern, Schweiz: Hogrefe Verlag.

Weuster, A. (2004). Personalauswahl: Anforderungsprofil, Bewerbersuche, Vorauswahl und Vorstellungsgespräch. Wiesbaden, Deutschland: Springer-Verlag.

Wöhe, G., & Döring, U. (2010). Einführung in die allgemeine Betriebswirtschaftslehre (24. Aufl.). München, Deutschland: Verlag Franz Vahlen.

Anhang

Anhang I: Expertenbefragung

1. Personalauswahl
    a. Wie ermitteln Sie die erforderlichen Kriterien für eine Vakanz?
    b. Wie wird das Vorstellungsgespräch geführt, um die Erfolgskriterien zu ermitteln?
    c. Welchen Stellenwert hat für Sie das Vorstellungsgespräch in der Personalauswahl?
    d. Wie würden Sie Ihre bisherigen Erfahrungen und Erlebnisse mit Vorstellungsgesprächen beschreiben?
2. Nonverbale Kommunikation
    a. Wie wird mit Körpersprache im Interview umgegangen?
    b. Werden Mitarbeiter geschult, um bessere Interviews zu führen? Was für Weiterbildungen bieten Sie an?
    c. Wie verhält sich Ihr/-e Gesprächspartner/-in, wenn Ihnen die Person als sympathisch erscheint?
3. Interaktionen
    a. Wie wird mit Sympathie im Interview umgegangen?
    b. Wie häufig kommt es zu Antwortverzerrungen, z. B. aufgrund sozialer Erwünschtheit? Wie gehen Sie damit um?
    c. Wie wichtig erachten Sie einen respektvollen Umgang im Gesprächsverlauf?
    d. Wie würden Sie eine respektvolle (wertschätzende) Gesprächssituation beschreiben?
4. Urteile/Wahrnehmung
    a. Wie gehen Sie mit Emotionen/Gefühlen während des Vorstellungsgespräches um?
    b. Wie werten Sie ein Vorstellungsgespräch aus?
    c. Kommt es zu Fehleinschätzungen? Wie gehen Sie damit um?
    d. Wie bedeutsam erachten Sie einen möglichen Einfluss auf die Einstellentscheidung durch die Bewerber/-innen im Gespräch?

Anhang II: Einverständniserklärung

Einverstädniserklärung

zwischen

der/dem Interviewteilnehmer/in

und

Patrick Byczkowski (Interviewgeber)

Ich, _____, erkläre mich mit folgenden Punkten einverstanden:

1.) Aufnahme

☐ Aufzeichnung des Interviews auf einem Aufnahmegerät

2.) Veränderung

der Verschriftlichung der Tonaufzeichnungen in:

☐ anonymisierter Form (keine Namensnennung, jedoch Branche des Unternehmens)

☐ nicht anonymisierter Form

3.) Veröffentlichung der Verschriftlichung

☐ zu wissenschaftlichen Zwecken

☐ zu anderen Zwecken

☐ vollständig

☐ ausschnittsweise als Zitat

☐ in allen Medien

☐ Veröffentlichung erst nach Rücksprache

Im Gegenzug erwarte ich vom Interviewgeber folgende Leistungen:

☐ ein Exemplar des Transkripts (ausschnittsweise Transkription) des mit mir geführten Interviews

☐ eine Nachbesprechung des Interviews

☐ einen weiteren Termin (á 60min) für Fragen bzw. um einen Einblick in die Ergebnisse zu erhalten

Nach Beendigung des Projekts soll die Aufnahme

☐ vom Interviewgeber gelöscht werden

Datum: _____

Unterschrift (Befragte):   Unterschrift (Interviewgeber):

_____   _____

Anhang III: Experteninterview A

Frage: Wie ermitteln Sie die erforderlichen Kriterien für eine Vakanz?

Interviewnehmer A: Zuerst wird ermittelt, welcher Personalbedarf besteht. Wann brauchen wir jemanden und für was genau? Das muss vorab geklärt werden. Bei Engpässen unterteilen wir genau nach Schwerpunkten und schauen, welche Arbeiten erledigt werden müssen. Daraus werden die Qualifikationen abgeleitet. In der Regel suchen wir allerdings sogenannte Allrounder, da bei uns die Büromitarbeiter alle administrativen Aufgaben erledigen müssen. Wir sind ein kleines bis mittelständiges Unternehmen, wodurch die Aufgabenverteilung ziemlich homogen ist. Zum Beispiel ist eine Muss-Voraussetzung, die deutsche und englische Sprache sehr gut in Wort und Schrift zu beherrschen, da bei uns internationale Kunden beraten werden. Darunter fallen auch Firmen. Also müssen auch Geschäftsbriefe in Deutsch und Englisch geschrieben werden. Weiterhin wird nach Computerkenntnissen geschaut, den kommunikativen Fähigkeiten und dem Erscheinungsbild. Eine gewisse Schuldbildung ist ebenfalls Voraussetzung, da wir eine bestimmte Qualität erreichen wollen.

Frage: Wie wird das Vorstellungsgespräch geführt, um die Erfolgskriterien zu ermitteln?

Interviewnehmer A: Das Vorstellungsgespräch kommt erst zum Ende des Rekrutierungsprozesses. Zuerst werden die Bewerbungsunterlagen überprüft, um die ersten Kriterien zu überprüfen. In dieser Vorauswahl wird geschaut, ob die Grundvoraussetzungen erfüllt sind und erst dann werden die besten Bewerber zu einem persönlichen Gespräch eingeladen. Bei uns ist es auch wichtig zu beachten, dass wir ein gewisses Budget nicht überschreiten dürfen, da wir ein kleines bis mittelständiges Unternehmen sind. Somit spielt das Gehalt meistens eine wichtige Rolle. Wenn wir uns für das persönliche Treffen entscheiden und die Gehaltsvorstellungen noch nicht durch die Bewerbungsunterlagen ermittelt werden konnten, wird das sehr früh im Gespräch erfragt. Dadurch wollen wir unnötige Zeit einsparen, falls die Gehaltsvorstellungen doch unser Budget übersteigen. Wenn Lebenslauf, Bewerbungsunterlagen und Gehaltsvorstellungen mit unseren Vorstellungen übereinstimmen, dann kommt es erst zu der eigentlichen Person des Bewerbers. Im Vorstellungsgespräch wird auf Abschnitte im Lebenslauf eingegangen, die für uns relevant sind. Aber auch unplausible Abschnitte werden offen angesprochen. Solche Diskrepanzen können z. B. das häufige Wechseln des Arbeitgebers in einem kurzen Zeitraum sein. Wir möchten dann herausfinden, was dahintersteckt und ob man überhaupt mit einer längerfristigen Einstellung rechnen kann. Ich achte außerdem vor allem darauf, dass eine gewisse Sympathie entsteht. Ich spreche auch offen und direkt an, dass mein Gegenüber und unsere Firma zusammenpassen müssen. Ein ehrliches Gespräch auf Augenhöhe muss also stattfinden. Ich sage auch oft, dass ich keine Floskeln hören will, sondern einen Menschen. Für mich zählt beim persönlichen Treffen der Händedruck, das Erscheinungsbild und ob die Person authentisch auf mich wirkt. Die Kommunikationsfähigkeit muss sympathisch herüberkommen, denn der Bewerber muss später ja mit Publikumsverkehr umgehen.

Frage: Welchen Stellenwert hat für Sie das Vorstellungsgespräch in der Personalauswahl?

Interviewnehmer A: Im ganzen Auswahlverfahren ist das Vorstellungsgespräch der letzte und wichtigste Part. Wie wirkt der Mensch auf mich? – natürlich subjektiv. Mir ist klar, dass das meine persönliche Einschätzung ist und ein anderer Kollege vielleicht ganz andere Ergebnisse aus dem Gespräch erhalten würde. Deswegen laden wir unsere Kandidaten meistens zu einem zweiten Vorstellungsgespräch ein, damit zwei weitere personal erfahrene Mitarbeiter einen Eindruck erhalten. Am Ende tauschen wir uns gegenseitig aus und kommen zu einem gemeinsamen Entschluss und Ergebnis.

Frage: Wie würden Sie Ihre bisherigen Erfahrungen und Erlebnisse mit Vorstellungsgesprächen beschreiben?

Interviewnehmer A: Nach meiner Erfahrung gibt es niemals eine Garantie dafür, dass eine tatsächliche Eignung vorliegt. Auch bei mehreren Gesprächen und Beobachtern, oder auch nach einem Probetag oder einer Probewoche, nicht. Die tatsächliche Eignung stellt sich erst im Laufe der Zeit heraus. Es gibt Menschen, die sich nicht so gut verkaufen können, aber sich dann als sehr geeignete Mitarbeiter entpuppen. Andersrum gibt es sogenannte Blender, die sich redegewandt – nicht vorstellen – sondern darstellen und schlussendlich als doch nicht qualifizierte Mitarbeiter demaskieren. Bewerber, die sich darstellen, erkenne ich mittlerweile ganz gut und lehne diese ab. Das soll nicht heißen, dass jeder Bewerber, der redegewandt ist, kein geeigneter Mitarbeiter sein kann. Es gibt diesen Unterschied zwischen Darstellen und Vorstellen, den ich mittlerweile ganz gut, dank meiner Erfahrungen, erkenne. Ich kann mich aber immer irren. Mithilfe einer guten Vorauswahl und anhand des Vorstellungsgespräches kann das Risiko gemindert werden, aber es ist dennoch schwer, die richtige Entscheidung zu treffen, denn es gibt, wie gesagt, keine Garantie. Es ist ähnlich wie bei der Ehe. Leute lernen sich kennen und lieben sich. Nach vier oder fünf Jahren heiraten sie und ein Jahr später sind sie doch wieder geschieden. Auch dort ist es schwer, sich nach den richtigen Kriterien zu entscheiden. Es kann also nach einer langen Zusammenarbeit oder einem langen Zusammenleben doch noch dazu kommen, dass man sich anders entscheidet und der Mitarbeiter oder Partner doch nicht der Richtige ist oder nicht mehr der Richtige ist. Das Ganze ist also nur ein Versuch. Des Weiteren gibt es bestimmte No-Gos, durch welche zumindest ein schneller Ausschluss von nicht geeigneten Bewerbern gemacht werden kann. Auch Vorurteile führen zum Ausschluss von manchen Bewerbern, dazu können natürlich auch geeignete Bewerber zählen.

Frage: Wie wird mit Körpersprache im Interview umgegangen?

Interviewnehmer A: Die Körpersprache ist besonders wichtig. Ich versetze mich in die Lage des späteren Kunden und stelle mir vor, wie mein Gegenüber auf den Kunden wirken würde. Blickkontakt und eine aufrechte Haltung sind hier wichtig. Handbewegungen beim Erklären und eine einladende Mimik sind auch von Bedeutung. Die Person sollte nicht eingeschüchtert dasitzen. Während des Gespräches sollte sich der Bewerber von der Körpersprache öffnen. Die Bewegungen müssen eine Sympathie wecken.

Frage: Werden Mitarbeiter geschult, um bessere Interviews zu führen? Was für Weiterbildungen bieten Sie an?

Interviewnehmer A: Wir haben einen Leitfaden, der für alle Mitarbeiter zugänglich ist. Dort wird beschrieben, worauf grob zu achten ist. Darunter fallen die Kriterien für die Stellen, worauf besonders zu achten ist, und auch, wie sich unsere Mitarbeiter verhalten und kleiden sollen. Es ist eine Art Hilfestellung. Weiterbildungen oder Schulungen in dem Sinne gibt es bei uns aber nicht.

Frage: Wie verhält sich Ihr/-e Gesprächspartner/-in, wenn Ihnen die Person als sympathisch erscheint?

Interviewnehmer A: Wenn sich jemand natürlich bewegt und natürlich spricht, fällt es mir leichter, Sympathie zu entwickeln. Auch wenn beim Gespräch rauskommt, dass wir ähnliche Ansichten haben, ist das ein positiver Anreiz. Für einen sympathischen Menschen habe ich ein gewisses Menschenbild. Je mehr das übereinstimmt, desto größer ist die Chance auf Sympathie.

Frage: Wie wird mit Sympathie im Interview umgegangen?

Interviewnehmer A: Sympathie oder auch Antipathie hat natürlich einen großen Einfluss auf die endgültige Entscheidung. Wenn keine Sympathie entwickelt werden kann oder eine Antipathie im Gespräch entsteht, dann lehne ich den Bewerber meistens ab. Oftmals sind das Déjà-vu-Effekte, die eintreten. Es kann also vorkommen, dass ein Bewerber eigentlich geeignet ist, mein Bauchgefühl sich aber gegen ihn entscheidet. Dann muss ich überlegen, wie groß sein Nutzen ist oder sein kann. Der Unternehmenserfolg muss dann berücksichtigt werden und es muss ein Konsens getroffen werden. In der Regel kann man aber sagen, dass ohne Sympathie eine starke Neigung zu einer Absage entsteht.

Frage: Wie häufig kommt es zu Antwortverzerrungen, z. B. aufgrund sozialer Erwünschtheit? Wie gehen Sie damit um?

Interviewnehmer A: Es kommt oft vor, da die Leute meistens von einem Coaching kommen und auswendig gelernt haben, was sie zu sagen haben. Diese Bewerber kommen durch ihre übertriebene Art nicht so authentisch rüber. Das Problem ist dann, dass diese Personen zwei Gesichter haben. Auf der einen Seite haben sie diese Darsteller-Funktion, auf der anderen Seite haben sie ihr richtiges Leben. Eine authentische Person, die vielleicht weniger professionell erscheint, wird dann eher eingestellt, da man eher weiß, mit wem man es wahrhaftig zu tun hat.

Frage: Wie wichtig erachten Sie einen respektvollen Umgang im Gesprächsverlauf?

Interviewnehmer A: Ein respektvoller Umgang ist nicht nur im Vorstellungsgespräch, sondern generell ein Muss im zwischenmenschlichen Umgang. Das muss natürlich beidseitig sein.

Frage: Wie würden Sie eine respektvolle (wertschätzende) Gesprächssituation beschreiben?

Interviewnehmer A: Unhöflichkeiten müssen vermieden werden. Dazu zählt für mich z. B. Kaugummikauen oder verbale Äußerungen. Auch jemanden warten zu lassen, obwohl er einen Termin hat, zeigt eine geringe Wertschätzung des

Gegenübers. Es gehören einfach grundlegende Verhaltensweisen, welche den Anstand betreffen, dazu.

Frage: Wie gehen Sie mit Emotionen/Gefühlen während des Vorstellungsgespräches um?

Interviewnehmer A: Eigene Emotionen versuche ich zu unterdrücken. Ich versuche, während des Gespräches neutral zu bleiben, obwohl das natürlich nicht ganz möglich ist. Wenn der Bewerber Emotionen zeigt, schaue ich, ob diese Emotionen für den Beruf positiv oder schlecht sind. Wenn ich den Bewerber z. B. mit den zukünftigen Aufgaben betraut mache und er Freude zeigt, ist das positiv. Dabei ist sehr wichtig, wie er etwas sagt.

Frage: Wie werten Sie ein Vorstellungsgespräch aus?

Interviewnehmer A: Nach einem Gespräch lasse ich erst mal alles einsacken. Die Notizen, die ich mir während des Gespräches gemacht habe, greife ich nach einer gewissen Zeit wieder auf. Dann werte ich erst die Notizen aus und dann kommt meine subjektive Beurteilung über den jeweiligen Bewerber. Dazu gehört immer das Bauchgefühl, welches meiner Meinung nach bei der richtigen Entscheidung hilft, aber auch nicht immer stimmt. Es verbleibt immer ein großes Restrisiko. Es gibt keine Maschine, die einen Menschen auswertet und dann sagt, ob er geeignet ist oder nicht.

Frage: Kommt es zu Fehleinschätzungen? Wie gehen Sie damit um?

Interviewnehmer A: Es kommt mit Sicherheit zu Fehleinschätzungen. In den letzten Jahren erinnere ich mich aber nicht an jemanden, den wir nach paar Wochen wieder herausschmeißen wollten. Aber es stellte sich schon heraus, dass wir bei der Personalauswahl nicht tiefgründig genug waren. Dadurch stellten sich spätere Defizite heraus, die wir schon früher hätten überprüfen können. Diese waren aber nicht so schwerwiegend, dass wir den Mitarbeiter deswegen entlassen. Stattdessen haben wir die Mitarbeiter schwerpunktmäßig nach ihren Stärken eingesetzt. In Großunternehmen geht das natürlich nicht, da jeder seine Aufgaben in seiner Abteilung hat. Wir haben als kleineres Unternehmen den Vorteil, dass wir den Bewerber ganzheitlich betrachten können. Wenn sich z. B. jemand als Office-Mitarbeiter beworben hat, in seinem Lebenslauf aber steht, dass er öfter Nachhilfe in Deutsch gegeben hat, dann kann es auch dazu kommen, dass wir ihn oder sie fragen, ob er bei uns als Deutschlehrer tätig werden will.

Frage: Wie bedeutsam erachten Sie einen möglichen Einfluss auf die Einstellentscheidung durch die Bewerber/-innen im Gespräch?

Interviewnehmer A: Der Bewerber hat einen großen Einfluss auf die Entscheidung. Er kann sich negativ verhalten oder auch positiv und somit seine Chancen vermindern oder erhöhen. Wenn wir uns also für oder gegen ihn entschieden haben, ist unsere Entscheidung zu einem Teil von ihm beeinflussbar.

Anhang IV: Experteninterview B

Frage: Wie ermitteln Sie die erforderlichen Kriterien für eine Vakanz?

Interviewnehmer B: Zuerst wird ermittelt, welches Personal benötigt wird. Für jede Stelle haben wir eine Arbeitsbeschreibung. Es gibt Stellen, die weniger und einfachere Kriterien erfordern und welche, die komplexer sind und somit mehrere und qualifizierte Kriterien benötigen. Zum Beispiel gibt es Schichtführer, die qualifizierter sein müssen als einfache Helfer. Für Schichtführer kommen nur Leute in Betracht, die bereits Erfahrung in diesem Bereich haben.

Frage: Wie wird das Vorstellungsgespräch geführt, um die Erfolgskriterien zu ermitteln?

Interviewnehmer B: Zuerst stellen wir unser Unternehmen vor. Danach wird der Bewerber gefragt, was er bisher in seinem Berufswerdegang gemacht hat. Dabei wird schon in die Materie gegangen. Zum Beispiel bei einer Bewerbung um einen Schichtführer sprechen wir oft über die Planung. Kann er frei heraus erzählen, wie er bereits Mitarbeiter verplant hat und erklären, wie er die Mitarbeiter zu Maschinen zugewiesen hat und das Ganze im Computer dokumentiert hat – dann wissen wir, dass er bereits Erfahrungen in diesem Bereich gesammelt hat. Kommt es vor, dass der Bewerber dann doch abbricht, wenn es in die Materie geht, dann gehe ich davon aus, dass er doch nicht die nötigen Qualifikationen mitbringt. Bei uns werden allerdings ein oder mehrere Probetage gemacht, wenn im Vorstellungsgespräch alles passt. Damit überprüfen wir, ob die Kriterien wirklich erfüllt werden. Erst wenn nach den Probetagen alles passt, stelle ich die Leute bei uns ein.

Frage: Welchen Stellenwert hat für Sie das Vorstellungsgespräch in der Personalauswahl?

Interviewnehmer B: Das Vorstellungsgespräch steht bei uns an zweiter Stelle. Den größten Stellenwert haben für mich die Probetage. Da wir Mitarbeiter für die Produktion einstellen, ist es wichtig, zuerst zu prüfen, ob die Arbeit wirklich funktioniert. Vor allem, wenn mit Maschinen gearbeitet wird. Außerdem kann an Probetagen besser herausgefunden werden, ob man mit dem Menschen arbeiten kann und ob er hier reinpasst.

Frage: Wie würden Sie Ihre bisherigen Erfahrungen und Erlebnisse mit Vorstellungsgesprächen beschreiben?

Interviewnehmer B: Größtenteils positiv. Man lernt durch Erfahrungen verschiedene Leute kennen und mit ihnen umzugehen. Auf der einen Seite gibt es nervöse Bewerber, auf der anderen Seite gibt es sehr selbstbewusste Bewerber. Die Nervosität hat für mich keinen negativen Einfluss, da manche Menschen nicht so viele Erfahrungen mit Bewerbungsgesprächen haben. Bei den Probetagen wird die Nervosität meistens abgelegt. Wirklich gravierende negative Erlebnisse hatte ich bisher noch nicht.

Frage: Wie wird mit Körpersprache im Interview umgegangen?

Interviewnehmer B: Ich achte darauf, wie der Bewerber mir gegenübertritt und wie er sitzt. Zeigt er mir, dass er interessiert ist oder hat er eher eine skeptische Körpersprache. Ob jemand an den Fingern rumspielt und nervös ist oder selbstbewusst aufrecht vor mir sitzt, ist nicht so wichtig. Das Ausschlaggebende ist, dass Interesse signalisiert wird. Wenn ich merke, dass er nicht so das Interesse zeigt, dann versuche ich, ihn aus der Reserve zu locken und seine eigentlichen Absichten herauszufinden. Manchmal kommt es dann vor, dass es sich um Nervosität handelt und nicht um das fehlende Interesse. In diesem Fall wird es nicht schlecht gewertet, da sich die Nervosität, wie bereits gesagt, mit der Zeit legt. Bei tatsächlich fehlendem Interesse hat es einen negativen Einfluss auf die Einstellentscheidung.

Frage: Werden Mitarbeiter geschult, um bessere Interviews zu führen? Was für Weiterbildungen werden angeboten?

Interviewnehmer B: Ja, in unserer Unternehmensgruppe werden die Mitarbeiter regelmäßig geschult. Es geht bei den Personal-Recruiting-Weiterbildungen immer wieder darum, wie ein Vorstellungsgespräch geführt werden soll und welche Neuerungen es zu diesem Thema gibt. Manche Sachen sind umsetzbar und manche nicht. Ich selbst führe Mitarbeitergespräche mit meinen Schichtführern, die die Bewerber bei den Probetagen begleiten. Ich erkläre ihnen, worauf sie achten sollen, und schule sie in dieser Richtung.

Frage: Wie verhält sich Ihr/-e Gesprächspartner/-in, wenn Ihnen die Person als sympathisch erscheint?

Interviewnehmer B: Die Person wird im Gesprächsverlauf offener. Man muss eine Wellenlänge finden. Gemeinsamkeiten sind gut, um das Eis zu brechen, z. B. gemeinsame Hobbys wie Fußball oder Urlaubsorte. Bei den nervösen Bewerbern merke ich, dass das Eis bricht, wenn sie offener werden und anfangen, freier zu sprechen. Es gibt auch Bewerber, bei denen man merkt, dass sie das Gespräch geübt haben und stumpf etwas erzählen. Es scheint, als hätten sie einen Spickzettel im Kopf und sagen, was sie auswendig gelernt haben. Wenn dann doch Sympathie entsteht, fangen auch diese Bewerber an, freier und offener mit mir zu reden.

Frage: Wie wird mit Sympathie im Interview umgegangen?

Interviewnehmer B: Ich versuche, Sympathie im Vorstellungsgespräch zuzulassen und mit dem Bewerber auf möglichst dieselbe Ebene zu gelangen. Trotzdem muss im Gespräch klar sein, dass es um das Berufliche geht und der Bewerber mit einem Vorgesetzten spricht.

Frage: Wie häufig kommt es zu Antwortverzerrungen, z. B. aufgrund sozialer Erwünschtheit? Wie gehen Sie damit um?

Interviewnehmer B: Das kommt eher weniger vor. Da auch fachliche Fragen zum Beruf gestellt werden, merkt man im Gespräch, ob wahrhaftig geantwortet wird. Der Rest stellt sich dann während der Probearbeit heraus. Aber in den vier Jahren, in denen ich das hier mache, kam es noch nicht vor, dass jemand erzählt hat, er kann etwas und sich am Ende herausgestellt hat, dass es doch nicht der Wahrheit entspricht.

Frage: Wie wichtig erachten Sie einen respektvollen Umgang im Gesprächsverlauf?

Interviewnehmer B: Ein respektvoller Umgang ist selbstverständlich für mich. Das geschieht auch natürlich, wodurch ich noch nicht großartig und viel darüber nachgedacht habe.

Frage: Wie würden Sie eine respektvolle (wertschätzende) Gesprächssituation beschreiben?

Interviewnehmer B: Blickkontakt ist sehr wichtig und signalisiert Interesse. Man sollte sich nicht ablenken lassen oder sich bewusst mit anderen Dingen beschäftigen, z. B. ist ein No-Go das Spielen am Handy während des Gespräches. Das ist in einem Vorstellungsgespräch so aber noch nicht vorgekommen. Weiterhin sollte man die sprechende Person immer ausreden lassen.

Frage: Wie gehen Sie mit Emotionen/Gefühlen während des Vorstellungsgespräches um?

Interviewnehmer B: Inzwischen habe ich gelernt, mit Emotionen recht kalt umzugehen. Es war ein langer Prozess, das zu lernen, aber notwendig. Zum Beispiel sieht man bei manchen Bewerbern, dass sie den Job dringend brauchen – da muss man dann aber eine Grenze ziehen und unternehmerisch denken. Ich darf niemanden einstellen, wenn er mir leid tut, oder ihm deswegen einen höheren Lohn anbieten. Der Unternehmenserfolg steht stets an erster Stelle und manchmal muss man Abstand von der persönlichen Situation nehmen. Auch wenn Sympathie im Gesprächsverlauf entwickelt wurde, richte ich mich bei der Entscheidung nur nach den Fakten.

Frage: Wie werten Sie ein Vorstellungsgespräch aus?

Interviewnehmer B: Während des Gespräches mache ich mir Notizen. Nach dem Gespräch lese ich mir alles nochmal durch und berate mich mit meinem Projektleiter. Wir tauschen uns dann aus und entscheiden, ob der Bewerber geeignet ist. Nach dem Probetag tausche ich mich mit den Schichtleitern aus und hole mir ihre Meinung ein. Wenn alles passt, wird der Bewerber danach eingestellt.

Frage: Kommt es zu Fehleinschätzungen? Wie gehen Sie damit um?

Interviewnehmer B: Ja, Fehleinschätzungen passieren. Es kam schon vor, dass beim Vorstellungsgespräch der Eindruck da war, dass alles passt. Am Probetag stellte sich dann aber das Gegenteil heraus. So kam es dann nicht zur Einstellung. Es kommt also zu Fehleinschätzungen, selten aber zu Fehleinstellungen. Deswegen sind die Probetage so wichtig bei uns. Wenn es doch mal zu einer Fehleinstellung kommt, führen wir erst ein Mitarbeitergespräch. Bessert sich die Situation danach nicht, kommt es erst dann zu einer Entlassung.

Frage: Wie bedeutsam erachten Sie einen möglichen Einfluss auf die Einstellentscheidung durch die Bewerber/-innen im Gespräch?

Interviewnehmer B: Letztendlich haben beide Seiten einen Einfluss auf die Einstellentscheidung, z. B. ist Motivation ein großer Faktor. Wenn ich merke, dass von dem Bewerber die Motivation zum Arbeiten und auch zum Aufsteigen nach der Einstellung da ist, erhöht es seine Chancen sehr. Wenn ich aber ‚nein' sage, dann ist es auch ein ‚Nein'.

Anhang V: Kategorienanalyse Experteninterview A

Kategorie 1 - Personalauswahlverfahren

Interviewpartner A: Zuerst wird ermittelt, welcher Personalbedarf besteht. Wann brauchen wir jemanden und für was genau? Das muss vorab geklärt werden. Bei Engpässen unterteilen wir genau nach Schwerpunkten und schauen, welche Arbeiten erledigt werden müssen. Daraus werden die Qualifikationen abgeleitet. In der Regel suchen wir allerdings sogenannte Allrounder, da bei uns die Büromitarbeiter alle administrativen Aufgaben erledigen müssen. Wir sind ein kleines bis mittelständiges Unternehmen, wodurch die Aufgabenverteilung ziemlich homogen ist. Zum Beispiel ist eine Muss-Voraussetzung, die deutsche und englische Sprache sehr gut in Wort und Schrift zu beherrschen, da bei uns internationale Kunden beraten werden.

Im ganzen Auswahlverfahren ist das Vorstellungsgespräch der letzte und wichtigste Part.

Im Vorstellungsgespräch wird auf Abschnitte im Lebenslauf eingegangen, die für uns relevant sind. Aber auch unplausible Abschnitte werden offen angesprochen.

Wir haben einen Leitfaden, der für alle Mitarbeiter zugänglich ist. Dort wird beschrieben, worauf grob zu achten ist. Darunter fallen die Kriterien für die Stellen, worauf besonders zu achten ist, und auch, wie sich unsere Mitarbeiter verhalten und kleiden sollen. Es ist eine Art Hilfestellung. Weiterbildungen oder Schulungen in dem Sinne gibt es bei uns aber nicht.

Kategorie 2 - Sympathie

Interviewpartner A: Ich achte außerdem vor allem darauf, dass eine gewisse Sympathie entsteht. Ich spreche auch offen und direkt an, dass mein Gegenüber und unsere Firma zusammenpassen müssen.

Die Kommunikationsfähigkeit muss sympathisch herüberkommen, denn der Bewerber muss später ja mit Publikumsverkehr umgehen.

Wenn sich jemand natürlich bewegt und natürlich spricht, fällt es mir leichter, Sympathie zu entwickeln. Auch wenn beim Gespräch rauskommt, dass wir ähnliche Ansichten haben, ist das ein positiver Anreiz. Für einen sympathischen Menschen habe ich ein gewisses Menschenbild. Je mehr das übereinstimmt, desto größer ist die Chance auf Sympathie.

Sympathie oder auch Antipathie hat natürlich einen großen Einfluss auf die endgültige Entscheidung. Wenn keine Sympathie entwickelt werden kann oder eine Antipathie im Gespräch entsteht, dann lehne ich den Bewerber meistens ab. Oftmals sind das Déjà-vu-Effekte, die eintreten. Es kann also vorkommen, dass ein Bewerber eigentlich geeignet ist, mein Bauchgefühl sich aber gegen ihn entscheidet. Dann muss ich überlegen, wie groß sein Nutzen ist oder sein kann. Der Unternehmenserfolg muss dann berücksichtigt werden und es muss ein Konsens getroffen werden. In der Regel kann man aber sagen, dass ohne Sympathie eine starke Neigung zu einer Absage entsteht.

Ein respektvoller Umgang ist nicht nur im Vorstellungsgespräch, sondern generell ein Muss im zwischenmenschlichen Umgang. Das muss natürlich beidseitig sein.

Kategorie 3 - Authentizität

Interviewpartner A: Ein ehrliches Gespräch auf Augenhöhe muss also stattfinden. Ich sage auch oft, dass ich keine Floskeln hören will, sondern einen Menschen. Für mich zählt beim persönlichen Treffen der Händedruck, das Erscheinungsbild und ob die Person authentisch auf mich wirkt.

Es gibt Menschen, die sich nicht so gut verkaufen können, aber sich dann als sehr geeignete Mitarbeiter entpuppen. Andersrum gibt es sogenannte Blender, die sich redegewandt – nicht vorstellen – sondern darstellen und schlussendlich als doch nicht qualifizierte Mitarbeiter demaskieren. Bewerber, die sich darstellen, erkenne ich mittlerweile ganz gut und lehne diese ab. Das soll nicht heißen, dass jeder Bewerber, der redegewandt ist, kein geeigneter Mitarbeiter sein kann.

Die Körpersprache ist besonders wichtig. Ich versetze mich in die Lage des späteren Kunden und stelle mir vor, wie mein Gegenüber auf den Kunden wirken würde. Blickkontakt und eine aufrechte Haltung sind hier wichtig. Handbewegungen beim Erklären und eine einladende Mimik sind auch von Bedeutung. Die Person sollte nicht eingeschüchtert dasitzen.

Es (Antwortverzerrungen) kommt oft vor, da die Leute meistens von einem Coaching kommen und auswendig gelernt haben, was sie zu sagen haben. Diese Bewerber kommen durch ihre übertriebene Art nicht so authentisch rüber. Das Problem ist dann, dass diese Personen zwei Gesichter haben. Auf der einen Seite haben sie diese Darsteller-Funktion, auf der anderen Seite haben sie ihr richtiges Leben. Eine authentische Person, die vielleicht weniger professionell erscheint, wird dann eher eingestellt, da man eher weiß, mit wem man es wahrhaftig zu tun hat.

Kategorie 4 - Urteilsbildung

Interviewpartner A: Wenn Lebenslauf, Bewerbungsunterlagen und Gehaltsvorstellungen mit unseren Vorstellungen übereinstimmen, dann kommt es erst zu der eigentlichen Person des Bewerbers. Im Vorstellungsgespräch wird auf Abschnitte im Lebenslauf eingegangen, die für uns relevant sind. Aber auch unplausible Abschnitte werden offen angesprochen. Solche Diskrepanzen können z. B. das häufige Wechseln des Arbeitgebers in einem kurzen Zeitraum sein. Wir möchten dann herausfinden, was dahintersteckt und ob man überhaupt mit einer längerfristigen Einstellung rechnen kann.

Im ganzen Auswahlverfahren ist das Vorstellungsgespräch der letzte und wichtigste Part. Wie wirkt der Mensch auf mich? – natürlich subjektiv. Deswegen laden wir unsere Kandidaten meistens zu einem zweiten Vorstellungsgespräch ein, damit zwei weitere personal erfahrene Mitarbeiter einen Eindruck erhalten. Am Ende tauschen wir uns gegenseitig aus und kommen zu einem gemeinsamen Entschluss und Ergebnis.

Des Weiteren gibt es bestimmte No-Gos, durch welche zumindest ein schneller Ausschluss von nicht geeigneten Bewerbern gemacht werden kann.

Eigene Emotionen versuche ich zu unterdrücken. Ich versuche, während des Gespräches neutral zu bleiben, obwohl das natürlich nicht ganz möglich ist. Wenn der Bewerber Emotionen zeigt, schaue ich, ob diese Emotionen für den Beruf positiv oder schlecht sind.

Die Notizen, die ich mir während des Gespräches gemacht habe, greife ich nach einer gewissen Zeit wieder auf. Dann werte ich erst die Notizen aus und dann kommt meine subjektive Beurteilung über den jeweiligen Bewerber. Dazu gehört immer das Bauchgefühl, welches meiner Meinung nach bei der richtigen Entscheidung hilft, aber auch nicht immer stimmt. Es verbleibt immer ein großes Restrisiko. Es gibt keine Maschine, die einen Menschen auswertet und dann sagt, ob er geeignet ist oder nicht.

Kategorie 5 - Selbstreflexion

Interviewpartner A: Mir ist klar, dass das meine persönliche Einschätzung ist und ein anderer Kollege vielleicht ganz andere Ergebnisse aus dem Gespräch erhalten würde.

Nach meiner Erfahrung gibt es niemals eine Garantie dafür, dass eine tatsächliche Eignung vorliegt. Auch bei mehreren Gesprächen und Beobachtern, oder auch nach einem Probetag oder einer Probewoche, nicht.

Es gibt diesen Unterschied zwischen Darstellen und Vorstellen, den ich mittlerweile ganz gut, dank meiner Erfahrungen, erkenne. Ich kann mich aber immer irren.

Mithilfe einer guten Vorauswahl und anhand des Vorstellungsgespräches kann das Risiko gemindert werden, aber es ist dennoch schwer, die richtige Entscheidung zu treffen, denn es gibt, wie gesagt, keine Garantie. Das Ganze (Personalauswahl) ist also nur ein Versuch.

Auch Vorurteile führen zum Ausschluss von manchen Bewerbern, dazu können natürlich auch geeignete Bewerber zählen.

Es kommt mit Sicherheit zu Fehleinschätzungen. In den letzten Jahren erinnere ich mich aber nicht an jemanden, den wir nach paar Wochen wieder herausschmeißen wollten. Aber es stellte sich schon heraus, dass wir bei der Personalauswahl nicht tiefgründig genug waren. Dadurch stellten sich spätere Defizite heraus, die wir schon früher hätten überprüfen können.

Der Bewerber hat einen großen Einfluss auf die Entscheidung. Er kann sich negativ verhalten oder auch positiv und somit seine Chancen vermindern oder erhöhen. Wenn wir uns also für oder gegen ihn entschieden haben, ist unsere Entscheidung zu einem Teil von ihm beeinflussbar.

Anhang VI: Kategorienanalyse Experteninterview B

Kategorie 1 - Personalauswahlverfahren

Interviewpartner B: Zuerst wird ermittelt, welches Personal benötigt wird. Für jede Stelle haben wir eine Arbeitsbeschreibung. Es gibt Stellen, die weniger und einfachere Kriterien erfordern und welche, die komplexer sind und somit mehrere und qualifizierte Kriterien benötigen.

Danach wird der Bewerber gefragt, was er bisher in seinem Berufswerdegang gemacht hat. Dabei wird schon in die Materie gegangen. Zum Beispiel bei einer Bewerbung um einen Schichtführer sprechen wir oft über die Planung.

Das Vorstellungsgespräch steht bei uns an zweiter Stelle. Den größten Stellenwert haben für mich die Probetage. Da wir Mitarbeiter für die Produktion einstellen, ist es wichtig, zuerst zu prüfen, ob die Arbeit wirklich funktioniert.

Ja, in unserer Unternehmensgruppe werden die Mitarbeiter regelmäßig geschult. Ich selbst führe Mitarbeitergespräche mit meinen Schichtführern, die die Bewerber bei den Probetagen begleiten. Ich erkläre ihnen, worauf sie achten sollen, und schule sie in dieser Richtung.

Kategorie 2 - Sympathie

Interviewpartner B: Die Person wird im Gesprächsverlauf offener. Man muss eine Wellenlänge finden. Gemeinsamkeiten sind gut, um das Eis zu brechen, z. B. gemeinsame Hobbys wie Fußball oder Urlaubsorte.

Ich versuche, Sympathie im Vorstellungsgespräch zuzulassen und mit dem Bewerber auf möglichst dieselbe Ebene zu gelangen. Trotzdem muss im Gespräch klar sein, dass es um das Berufliche geht und der Bewerber mit einem Vorgesetzten spricht.

Ein respektvoller Umgang ist selbstverständlich für mich.

Blickkontakt ist sehr wichtig und signalisiert Interesse. Man sollte sich nicht ablenken lassen oder sich bewusst mit anderen Dingen beschäftigen, z. B. ist ein No-Go das Spielen am Handy während des Gespräches. Das ist in einem Vorstellungsgespräch so aber noch nicht vorgekommen. Weiterhin sollte man die sprechende Person immer ausreden lassen.

Kategorie 3 - Authentizität

Interviewpartner B: Ich achte darauf, wie der Bewerber mir gegenübertritt und wie er sitzt. Zeigt er mir, dass er interessiert ist oder hat er eher eine skeptische Körpersprache. Ob jemand an den Fingern rumspielt und nervös ist oder selbstbewusst aufrecht vor mir sitzt, ist nicht so wichtig. Das Ausschlaggebende ist, dass Interesse signalisiert wird. Wenn ich merke, dass er nicht so das Interesse zeigt, dann versuche ich, ihn aus der Reserve zu locken und seine eigentlichen Absichten herauszufinden. Manchmal kommt es dann vor, dass es sich um Nervosität handelt und nicht um das fehlende Interesse. In diesem Fall wird es nicht schlecht gewertet, da sich die Nervosität, wie bereits gesagt, mit der Zeit legt. Bei tatsächlich fehlendem Interesse hat es einen negativen Einfluss auf die Einstellentscheidung.

Blickkontakt ist sehr wichtig und signalisiert Interesse.

Das (Antwortverzerrungen) kommt eher weniger vor. Da auch fachliche Fragen zum Beruf gestellt werden, merkt man im Gespräch, ob wahrhaftig geantwortet wird. Der Rest stellt sich dann während der Probearbeit heraus. Aber in den vier Jahren, in denen ich das hier mache, kam es noch nicht vor, dass jemand erzählt hat, er kann etwas und sich am Ende herausgestellt hat, dass es doch nicht der Wahrheit entspricht.

Kategorie 4 - Urteilsbildung

Interviewpartner B: Zum Beispiel bei einer Bewerbung um einen Schichtführer sprechen wir oft über die Planung. Kann er frei heraus erzählen, wie er bereits Mitarbeiter verplant hat und erklären, wie er die Mitarbeiter zu Maschinen zugewiesen hat und das Ganze im Computer dokumentiert hat – dann wissen wir, dass er bereits Erfahrungen in diesem Bereich gesammelt hat. Kommt es vor, dass der Bewerber dann doch abbricht, wenn es in die Materie geht, dann gehe ich davon aus, dass er doch nicht die nötigen Qualifikationen mitbringt. Bei uns werden allerdings ein oder mehrere Probetage gemacht, wenn im Vorstellungsgespräch alles passt. Damit überprüfen wir, ob die Kriterien wirklich erfüllt werden. Erst wenn nach den Probetagen alles passt, stelle ich die Leute bei uns ein.

Inzwischen habe ich gelernt, mit Emotionen recht kalt umzugehen. Es war ein langer Prozess, das zu lernen, aber notwendig. Zum Beispiel sieht man bei manchen Bewerbern, dass sie den Job dringend brauchen – da muss man dann aber eine Grenze ziehen und unternehmerisch denken. Auch wenn Sympathie im Gesprächsverlauf entwickelt wurde, richte ich mich bei der Entscheidung nur nach den Fakten.

Während des Gespräches mache ich mir Notizen. Nach dem Gespräch lese ich mir alles nochmal durch und berate mich mit meinem Projektleiter. Wir tauschen uns dann aus und entscheiden, ob der Bewerber geeignet ist. Nach dem Probetag tausche ich mich mit den Schichtleitern aus und hole mir ihre Meinung ein. Wenn alles passt, wird der Bewerber danach eingestellt.

Kategorie 5 - Selbstreflexion

Interviewpartner B: Es geht bei den Personal-Recruiting-Weiterbildungen immer wieder darum, wie ein Vorstellungsgespräch geführt werden soll und welche Neuerungen es zu diesem Thema gibt. Manche Sachen sind umsetzbar und manche nicht. Ich selbst führe Mitarbeitergespräche mit meinen Schichtführern, die die Bewerber bei den Probetagen begleiten. Ich erkläre ihnen, worauf sie achten sollen, und schule sie in dieser Richtung.

Außerdem kann an Probetagen besser herausgefunden werden, ob man mit dem Menschen arbeiten kann und ob er hier reinpasst.

Die Nervosität hat für mich keinen negativen Einfluss, da manche Menschen nicht so viele Erfahrungen mit Bewerbungsgesprächen haben.

Der Unternehmenserfolg steht stets an erster Stelle und manchmal muss man Abstand von der persönlichen Situation nehmen. Auch wenn Sympathie im Gesprächsverlauf entwickelt wurde, richte ich mich bei der Entscheidung nur nach den Fakten.

Nach dem Gespräch lese ich mir alles nochmal durch und berate mich mit meinem Projektleiter. Wir tauschen uns dann aus und entscheiden, ob der Bewerber geeignet ist. Nach dem Probetag tausche ich mich mit den Schichtleitern aus und hole mir ihre Meinung ein.

Ja, Fehleinschätzungen passieren. Es kam schon vor, dass beim Vorstellungsgespräch der Eindruck da war, dass alles passt. Am Probetag stellte sich dann aber das Gegenteil heraus. So kam es dann nicht zur Einstellung. Es kommt also zu Fehleinschätzungen, selten aber zu Fehleinstellungen.

Letztendlich haben beide Seiten einen Einfluss auf die Einstellentscheidung, z. B. ist Motivation ein großer Faktor. Wenn ich merke, dass von dem Bewerber die Motivation zum Arbeiten und auch zum Aufsteigen nach der Einstellung da ist, erhöht es seine Chancen sehr. Wenn ich aber ‚nein' sage, dann ist es auch ein ‚Nein'.